The Laws of Faith

EL CANTARE, GOD OF THE EARTH

信仰の法

地球神エル・カンターレとは

大川隆法

Ryuho Okawa

The Power to Believe

Starting from Love

The Gate to the Future

The World Religion of Japanese Origin Will Save the Earth

What is the Faith in the God of the Earth?

The Choice of Humankind

まえがき

本書が、あなた方を創《つく》りし神の言葉である。

太古《たいこ》のアフリカや中東やインドの神であり、旧約聖書、新約聖書、コーランに出現する神の言葉である。また、中国五千年の歴史の天帝《てんてい》であり、日本神道の古《こ》事記《じき》以前の神であり、北欧《ほくおう》では、マイティ・ソー（トール）やロキの父であるオーディンという神の言葉である。また北米、南米の神でもある。

様々《さまざま》な民族神や多様な神々の上にあって、唯一《ゆいいつ》の至高神《しこうしん》であった存在。それは、ある時は、「アルファ」と呼ばれ、「エローヒム」として知られ、現在、「エル・カンターレ」という名で知られている、最高の地球神のことである。

日本人よ、態度《たいど》を改《あらた》めるがよい。全世界の人々よ、最後にして、最大の救世主《きゅうせいしゅ》の登場を福音《ふくいん》として受け容《い》れるがよい。

二〇一七年　十二月

幸福《こうふく》の科学《かがく》グループ創始者兼総裁《そうししゃけんそうさい》　大川隆法《おおかわりゅうほう》

信仰の法　目次

第2章　愛《あい》から始まる

――「人生の問題集」を解《と》き、「人生学のプロ」になる

第3章　未来への扉《とびら》

――人生三万日を世界のために使って生きる

明日を変える言葉③

富《とみ》について、よい信念《しんねん》を持っているか。

第4章 「日本発世界宗教」が地球を救う

――この星から紛争《ふんそう》をなくすための国造《くにづく》りを

第5章　地球神への信仰とは何か

――新しい地球創世記《そうせいき》の時代を生きる

第6章　人類の選択《せんたく》

――地球神の下《もと》に自由と民主主義《しゅぎ》を掲《かか》げよ

第1章

信《しん》じる力

The Power to Believe

人生と世界の新しい現《げん》実《じつ》を創《つく》り出す

1　一生懸命《いっしょうけんめい》に道を求《もと》めてきた私の人生

私も宗教家《しゅうきょうか》として立つ時、周囲《しゅうい》の無理解《むりかい》に悩《なや》んだ

本章は、建国記念《けんこくきねん》の日に大分県《おおいたけん》で行《おこな》った法話《ほうわ》がもとになっていますが、幸福の科学に降《お》ろされるさまざまな霊示《れいじ》では、大分や熊本《くまもと》、宮崎《みやざき》のあたりが「日本という国の発祥《はっしょう》」のころに大きな縁《えん》のあった場所と言われています。そのことを心の片隅《かたすみ》に置《お》きながら、この国が二千六百年、二千七百年と続《つづ》いてきたことに感謝《かんしゃ》しつつ、真理の一端《いったん》なりとも語ることができれば幸いです。

また、「信《しん》じる力」と題しましたが、あまり難《むずか》しくなりすぎないように述《の》べていきたいと考えています。ただし、「難しくない」ということは、別《べつ》に、「内容《ないよう》が

悪い」とか「程度《ていど》が低《ひく》い」などということではなく、「多くの人に通じる、分かりやすい話」を目指したいということです。

さて、幸福の科学が一九八六年に活動を開始してから、すでに三十年以上《いじょう》が過《す》ぎました。実際《じっさい》には、私は一九八一年から天上界《てんじょうかい》の霊示を受けているので、三十数年にわたり、この真理の世界で活動をし続けていることになります。

そのように、一定の年数というものは、どうしても必要《ひつよう》なところがあると思います。実際に、長く続けているなかで、この活動がだんだん普通《ふつう》のこととなり、分かってくださる人も多くなってきました。

しかしながら、立宗初期《りっしゅうしょき》には、この活動は、自分一人の問題だったり、家族だけの問題だったり、自分の周《まわ》りにいる身近な人たちとの関係《かんけい》の問題ぐらいにすぎませんでした。その間《かん》、私も、人並《ひとな》みにいろいろと悩《なや》むこともありましたし、「他人《ひと》に説明《せつめい》できない内容を、どうすれば分かってもらえるか」ということで、ずいぶん苦労《くろう》したのを覚《おぼ》えています。

一般《いっぱん》に、会社を辞《や》めるとき、ほかの会社に移《うつ》るとか、別の仕事を始めるとかいうことだけであれば、理解《りかい》してもらえる場合が多いかもしれません。しかし、私の場合は、「天上界からの啓示《けいじ》を受けるようになって、すでに五、六年がたっている。このたび、新しい宗教をつくるつもりなので、会社を辞めて独立《どくりつ》したい」ということであったため、その相談をした相手からは、十人が十人とも反対されました。

さらに、「それはいったい、どういうことをするものなのか、分かるようなものを何か持ってきてください」と言われたので、当時、すでに出版《しゅっぱん》していた数冊《さつ》の霊言集《れいげんしゅう》（『日蓮《にちれん》の霊言』『空海《くうかい》の霊

1981年3月23日の大悟以来、会社勤めをしながら霊言を収録。1985年8月発刊の『日蓮の霊言』を皮切りに、続々と発刊された（上写真：初期の霊言集の一部）。

言』『キリストの霊言』『天照大神《あまてらすおおみかみ》の霊言』等。現在《げんざい》は『大川隆法霊言全集』第1巻《かん》〜第8巻〔宗教法人幸福の科学刊《かん》〕所収《しょしゅう》）を見せたところ、相手は、余計《よけい》にのけぞってしまったのです。誰《だれ》もが言葉を失《うしな》い、まともにコメントできた人は一人もいませんでした。「嘘《うそ》だろう？　嘘だと言ってくれ」「ここだけの話でもいいから、嘘だと言ってほしい」という感じの反応《はんのう》が相次《あいつ》ぎ、「いや、本当です」と答えるような状態《じょうたい》だったのです。

彼らの率直《そっちょく》な気持ちとしては、そのように「嘘だろう？」「勘弁《かんべん》してほしい」という感じだったようです。

今まで一緒《いっしょ》に仕事をしていた仲間《なかま》のなかに、天照大神や日蓮、あるいはイエス・キリストの声が聞こえる人物がいたなどというのは、信

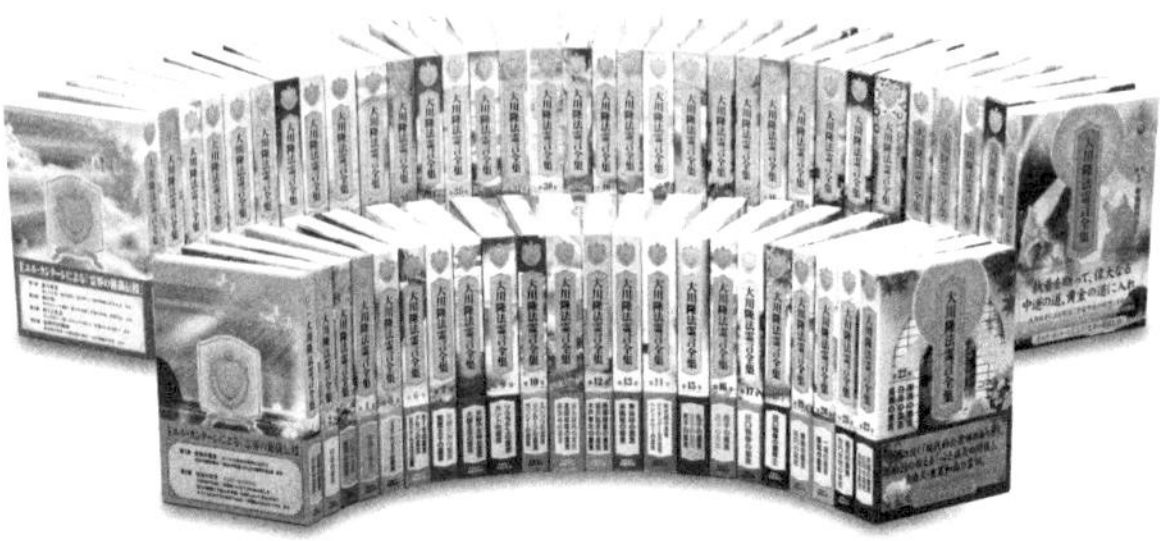

初期の霊言は現在、『大川隆法霊言全集』（宗教法人幸福の科学刊）として全50巻、別巻5巻にまとめられている。※幸福の科学の支部・精舎にて拝受可能。

じがたいことだったただろうと思います。

もちろん、「歴史上《れきしじょう》、そのようなことをできる人がいた」というぐらいであれば、どこかで聞く機会《きかい》もあったかもしれませんが、そういうものはあくまでも過去《かこ》の話であって、歴史的にはあっても構《かま》わないとしても、「今、自分の周りでそのようなことが起きている」とは思いもよらなかったでしょう。「自分と一緒に話をしたり、仕事をしたり、食事をしたり、あるいは相談を受けたりしていた仲間、関係者のなかに、そういう人がいた」という衝撃《しょうげき》は大きかったようです。

また、幸福の科学を始めてからしばらくは、私の家族の間でも、「うーん、困《こま》った」というような意見が多かったように思います。「家族に一人ぐらいは、この世のなかでしっかりと成功《せいこう》してくれる大黒柱のような人がいてほしかったのに、そちらの世界に行ってしまうのか。父親が、あの世の話が好《す》きだったために、こんなふうになってしまったのか」というような意見もあり、家族も大変《たいへん》だったでしょう。親戚《しんせき》も同じような状況《じょうきょう》でした。

したがって、それから数年後、数十年後に、幸福の科学に入った信者のみなさんの身に起きているような問題は、私が最初《さいしょ》のうちにほとんど経験《けいけん》したことでもあります。

さらに、会社を退社《たいしゃ》後も、どこから聞きつけたのかは分かりませんが、ヘッドハンティングのような電話があちこちから入ってきたのです。ときには、実家のほうにまで電話が入ることもありました。「今度、こういう会社を新しくつくるのだけれども、ぜひとも来てくれないか」とか、「給料《きゅうりょう》を、以前の二倍でも三倍でも、言うだけの額《がく》を出す」とかいったことをしきりに言われ、私としては、「ちょっと違《ちが》うんだけどなあ。そういうわけではないんだけどな」と思いつつも、うまく説明できないもどかしさを感じたのを覚えています。

「奪《うば》うばかりでお返しができていない」という二十代前半での気づき

あの当時の不安感《ふあん》のもとは、結局《けっきょく》、「自分自身が、天上界から来る声というものを、どこまで信じられるか」ということだったと思います。

「霊的な声が聞こえる」というだけのことであれば、そういう人は、確《たし》かに、全国各地《かくち》にいるでしょう。沖縄《おきなわ》にも、青森にも、それ以外のところにも大勢《おおぜい》います。そうした人たちのなかには、街《まち》の小さな霊能者《れいのうしゃ》として活動している人もいれば、宗教を開いた人もいます。

ただ、当時の私のように何の実績《じっせき》もない者にとっては、「その霊的な声をどこまで信じたらよいのか」ということになると、やはり、自信がないのも無理《むり》からぬことではあったでしょう。

私は三十歳《さい》にして宗教家として立つことになったものの、正直に述べれば、それまで生きてきた三十年間を振《ふ》り返っても、自分がこの世的に大きく道をそれなければいけないような理由や、さまざまな惑《まど》わしのなかに生きなければならないような理由は見当たりませんでした。

もちろん、「試行錯誤《しこうさくご》がなかった」と言えば嘘になりますが、どの年齢《ねんれい》のときにも、どの時期にも、一生懸命《いっしょうけんめい》に道を求《もと》めていたことは事実です。何らかのかたちで真理を求め、自分を高めようとする努力《どりょく》は怠《おこた》らなかったし、自分が誤《あやま》っていると思うことに関しては、何とか努力して乗り越《こ》え、自分自身の性格《せいかく》を変《か》え、生活態度を変え、勉強の仕方や仕事の仕方を変えて、「人々が納得《なっとく》してくれるような自分になろう」と努力をしたことも、困っている人を見たら、「何とかして助けてあげたい」と思ったことも事実です。

今と比《くら》べれば、若《わか》いころの自分は、もっともっと角《かど》が立つところがあったと思いますし、厳《きび》しくきつい言葉をよく使っていたようにも思います。それでも、その根本《こんぽん》においては、「何とかして、自分自身を、もっと世の中の役に立つ人間に変え、多くの人々のためになる仕事をしたい」という気持ちでいっぱいだったと感じるのです。

また、大人になるまで育ててくれた両親への感謝も忘《わす》れたことはありませんし、「お世話になった人々へのお返しをしなければ」という気持ちも多々ありました。

さらに、私自身、霊的な道に入るまでの二十年余《あま》りの間には、他人様からしてもらったことがたくさんあったにもかかわらず、自分が他人に対してしてあげたお返しは、実に少ないことに気づきました。「自分は二十余年間、他人から奪《うば》って奪って、『奪う愛《あい》』のなかを生きてきた。さまざまなものを奪って大きくなった。その間、自分の体もプライドも大きくなったかもしれないけれども、お返しという意味では、ほとんどできていない」というようなことを実感したのです。

そのように気づいたのが、二十代前半のころのことでした。

この世的には、何ら、犯罪《はんざい》的な行為《こうい》をしたこともなく、積極《せっきょく》的に人を害《がい》した覚えもありません。ただ、それまでの人生そのものを振り返ったときに、「今、死ぬとしたら、自分は他人からもらってばかりで、何一つお返しができていない。もう、もらうばかりの人生だったな。もし、人生の『愛の貸借対照表《たいしゃくたいしょうひょう》』を記入してみたら、赤字ばかりで、全然駄目《ぜんぜんだめ》だな」と思ったのです。

若い人にとっては、そういうことを考えること自体が不思議《ふしぎ》に感じるかもしれませんが、その当時の私は、自分の人生を振り返り、「人からもらうばかりで、全然お返しができていないな」と思ったことを覚えています。

2　幸福の科学は、なぜ、大きな力を持てたのか

何もない状態《じょうたい》から始め、組織《そしき》の運営《うんえい》で悩《なや》み続《つづ》けた立宗当初《りっしゅうとうしょ》

その後、私は、社会経験《けいけん》を積《つ》みながら、何年かの霊的《れいてき》な格闘《かくとう》を経《へ》て、よくあるセオリーどおりではありますが、三十歳《さい》になったときに独立《どくりつ》することになりました。

しかしながら、特《とく》に何か頼《たよ》りになるものがあったというわけではありません。すでに宗教団体《しゅうきょうだんたい》があったわけでもなく、財産《ざいさん》、あるいは土地や建物《たてもの》があったわけでもなく、実際上《じっさいじょう》は、「何もない」状態《じょうたい》でした。あるものといえば、私が出した何冊《さつ》かの書物を信《しん》じ、全国からパラパラと集まってきた人たちの協力《きょうりょく》ぐらいだっ

たのです。

　ただ、そうした彼らの心のなかにあるものも、まだ、「信仰《しんこう》」というものではなかったのではないかと思います。まずは、「霊的な、神秘《しんぴ》的な現象《げんしょう》が起きているらしい。その神秘的な現象を起こしている中心人物を見てみたい」という気持ちで集まってきていたのでしょう。

　私が初《はじ》めて法輪《ほうりん》を転じた（最初《さいしょ》の説法《せっぽう》）日、一九八六年十一月二十三日を、幸福の科学では「初転法輪記念日《しょてんぼうりんきねんび》」と呼《よ》んでいます。

　その日、東京の日暮里酒販《にっぽりしゅはん》会館（現・幸福の科学　初転法輪記念館）というところで座談会《ざだんかい》が行われ、九十名弱の人々が集まりました。当時はまだ少人数ではありましたが、来ていた人のなかには、いまだに当会の信者として頑張《がんば》っている人たちもいて、本当に、とてもうれしく思っています。

　座談会の会場は、小さな場所ながらも全国から来た参加者《さんかしゃ》で満員《まんいん》になってしまったため、私は会場内を通ることができず、会場脇《わき》のベランダ伝《づた》いに演壇《えんだん》まで行くという、〝危険《きけん》な綱渡《つなわた》り〟をしながら入場したことを覚《おぼ》えています。そこで、二時間四十分ほどあった行事のほとんどを話し続《つづ》けました。

聴衆《ちょうしゅう》は、いったい何が起きているのかはあまり分からなかったものの、「とにかく、これから何か大変《たいへん》なことが起きそうだ」という予感だけを持って帰ったのだと思います。

その最初に集まった九十人弱の人々が核《かく》となり、さらに、第一回の講演会《こうえんかい》（一九八七年三月八日　幸福の科学発足《ほっそく》記念「幸福の原理」。『幸福の原理』〔幸福の科学出版刊《しゅっぱんかん》〕所収《しょしゅう》）や研修会《けんしゅうかい》（一九八七年　五月研修）を行《おこな》っていったのです。

初めての研修会は琵琶湖畔《びわこはん》で開催《かいさい》し、百八人ほどが集まりました。この最初の研修会に集まった百人余《あま》りの人のほとんどが、その後、当会の職員《しょくいん》になったというところからも、最初期の熱意《ねつい》がどれほどすごかったかがよく分かると思います。

さまざまな経歴《けいれき》を持った人々が職員になり、さらに、研修中、食事等の際のために分けた班《はん》の班長を務《つと》めた人のほとんどが、後《のち》の役員になりました。そのような状態で始めたわけです。

ただ、当時はまだまだ鍛《きた》え抜《ぬ》かれた〝正規軍《せいきぐん》〟ではなかったこともあり、最初のころは、新しい人が入ってきては人材《じんざい》の入れ替《か》えが起きたり、組織《そしき》の運営《うんえい》の仕方等、いろいろなことでつまずきながら、ようやく、大きく回転するようになっていったと思います。三年もすれば、かなり大きな会場でも講演会ができるようになっていました。

このように、私に降《お》りてくる力は非常《ひじょう》に大きく強いものではあったものの、この世での力というのは、まだ、練習を積み、実績《じっせき》を積みながら、少しずつ少しずつ進んでいかなければ信用を得《え》られないような状況《じょうきょう》ではあったということです。

また、『聖書《せいしょ》』に書かれた「先の者があとになり、あとの者が先になる」という言葉どおりのことが数多く起きました。必《かなら》ずしも、最初のころに当会に来た人がリーダーになるわけではなく、三年後に来た人、五年後に来た人、十年後に来た人など、あとから来た人のなかに、力のある人がだんだんと増《ふ》えていったのです。教団が大きくなればなるほど、力のある人があとからやって来るので、前からいる人と、あとから来た人との力関係《かんけい》の上下の問題なども出てきて、組織の運営に関しても、たいへん勉強をさせられました。

私自身も予想していなかったような人たちが次々とやって来るので、どのように運営していけばよいのか、悩《なや》んだりしたことも数多くありました。

実は、宗教では、そうした組織運営上の問題でつまずく人は多いのです。これは、当会だけではなく、ほかの宗教にも言えることですが、教えや教義《きょうぎ》に対する疑問《ぎもん》というよりは、たいてい、「組織運営がうまく回っているかどうか」といったところでつまずくことが多く、それを固《かた》めるのは非常に難《むずか》しいことかと思います。

幸福の科学では、なぜ多種多様《たしゅたよう》な分野の教えを説《と》いているのか

幸福の科学グループでは、政治《せいじ》分野、教育分野、芸術《げいじゅつ》分野、その他、次々と新しい分野に進出しているので、そのつど、イノベーションが起きます。

その一方で、当会が新しい分野に進むことで変化が起きると、教団の性質《せいしつ》が変《か》わったようにも見えるため、それまで、「これを勉強して、このようにするのだ」と思っていた人のなかには、急にクラッときて分からなくなってしまうような人もいるわけです。

例《たと》えば、私の著書《ちょしょ》としてさまざまな本を発刊していますが、本によってまったく異《こと》なる内容《ないよう》が含《ふく》まれていることに気づかれるでしょう（注。二〇一七年十一月現在《げんざい》、発刊点数は二千三百書を超《こ》えている）。ただ、それは、当会を支援《しえん》してく

ださっている人を混乱《こんらん》させようとしているわけではないのです。この世のなかには、いろいろな職業に就《つ》き、さまざまな分野に関心を持っている人がいます。そうした興味《きょうみ》・関心や立場の違《ちが》う人々に向けて、「どこからでもよいので、自分にとって関心のある入り口から入ってきてください」という願《ねが》いを込《こ》めて、幅広《はばひろ》い内容の本を出しているのです。

そういう意味では、その一冊一冊が大事なものではあるのですが、それについて知っている人もいれば、知らない人もいるでしょう。

先ほど、幸福の科学の草創期《そうそうき》のところでも少し触《ふ》れましたが、『天照大神《あまてらすおおみかみ》の霊《れい》

著書のテーマは宗教をはじめ、政治、経済、教育、科学、芸能など多岐にわたり、発刊点数は全世界で2300書を超える。そのうち、歴史上の人物の霊や、現在活躍中の著名人などの守護霊を招霊した公開霊言シリーズは450書以上。(2017年11月時点)

言《げん》』（現在は『大川隆法霊言全集』第７巻《かん》・第８巻（前掲《ぜんけい》）所収）を発刊したときに、こんなことがありました。当会が最初の事務所《じむしょ》を開いたときにお世話をしてくれた人が、そのタイトルを見て、「『てんてるだいじん』って何ですか」と訊《き》いてきたのです。それには私もガクッときたのを覚えています。確《たし》かに、戦後《せんご》はそういう神話や信仰といったものに対する教育の部分が抜けていることも事実ではありますが、さすがに、「てんてるだいじん」と言われるとは思わなかったので、しばし絶句《ぜっく》してしまいました。

日本の教育では、神話教育、信仰教育を限《かぎ》りなく排除《はいじょ》していきましたし、宗教系《けい》の学校として認《みと》められているものの半分以上《いじょう》はキリスト教系ということもあってか、伝統《でんとう》的な信仰について、よく分からない人も増えているのでしょう。

今後、「見たことのないような大きな奇跡《きせき》」が起きる

さまざまなことを述《の》べましたが、教団を立ててから三十年余りのなかで、結局《けっきょく》、いろいろなものが実績として積み上がってきたのだと思います。

六畳一間《ろくじょうひとま》を借《か》りて始めた最初の所から、今では、建物だけでも七百カ所以上は持っていますし、その他の支部・拠点《きょてん》・布教所《ふきょうじょ》等を入れると、全世界で約《やく》一万カ所を持っています。そして、それぞれが、次なる人材や予算の投入によって、もう一段《いちだん》、大きくなる要素《ようそ》を秘《ひ》めた状態になっているのです。今は、それらのものをどんどん推《お》し進めていくのみだと考えています。

今までにしてきたことは、私たちの活動の〝前半部分〟と考えています。これからの〝後半〟で、今まで見たことのないような大きな奇跡《きせき》が、もっともっとはっきりと出てくるでしょう。

私は、考え方のかたちを非常に理論《りろん》的につくっていくほうなので、かたちがきちっとできないと大きくはしないタイプなのですが、スタイルができてくると、それを加速していくタイプでもあります。

ですから、幸福の科学は、これからの後半戦で、今までに見たことがないほどの大きな力を持つようになってくるはずです。それは、当事者である、当会のリーダー的立場にいる人たちにとっても、驚《おどろ》くような変化が出てくるでしょう。今までの長い「アマチュアの時代」が終わり、これから、いよいよ「プロフェッショナルの時代」が始まると考えて結構《けっこう》かと思います。

日本の大きなトレンドをつくっている幸福の科学

まだまだ十分ではないものの、いつの間にか、幸福の科学は、日本のなかでは最《もっと》も競争力《きょうそうりょく》のある宗教になりました。

「競争力」という言葉は正確《せいかく》ではないかもしれませんが、旧《ふる》い宗教は、もちろん、かなり〝刃《は》こぼれ〟しているでしょうし、ここ数十年ほどの間にできた新しい宗教のなかでも、当会は、いろいろな面において、「先見性」、「先進性」がある宗教になってきたと思います。

幸福の科学の活動だけを見れば、「これが本当に宗教なのか」と思われるような面もたくさんあるでしょう。また、「そうは言っても、例えば、政治運動などは、あまりうまくいっていないではないか」と言う人もいるかもしれません。

確かに、そういう見方もあるでしょうが、私たちが言ってきたことの多くは、いろいろな政治家や政治団体、政党《せいとう》等を通して、次々と実現しつつあります。つまり、あとから押《お》して実現してきているわけです。

今、幸福の科学は、そうとうな理論的主柱《しゅちゅう》になっています。実は、幸福実現党以外の勢力《せいりょく》の人々も、当会の考えを数多く勉強しているのです。

私の本は、政治家や、各省庁《かくしょうちょう》、マスコミ、その他の方々にも勉強されているので、目には見えない日本のサブカルチャーをつくっていると言ってもよいかもしれません。外からは分かりにくいでしょうが、今、幸福の科学が日本の大きなトレンドをつくっているのです。

したがって、幸福の科学が出している本を読めば、何がどう動いていくかが見えるわけです。

安倍《あべ》首相は、二〇一七年二月にホワイトハウスに行き、その後、フロリダへ行って、トランプ大統領《だいとうりょう》とゴルフをしたそうです。直行でワシントンに行き、昼食を取ったあと、エアフォースワン（米大統領専用機《せんようき》）に乗ってフロリダへ行き、ゴルフをして、トンボ返りですぐに日本に帰ってくるというのは、けっこう大変なことです。それは尊敬《そんけい》に値《あたい》する体力であり、サラリーマンでもできないことでしょう。こういう仕事は、投げ出したときが終わりなので、そのつもりでやっているのだとは思います。

私が、二〇一六年の年初から、「次はトランプ政権《せいけん》だ。『トランプ革命《かくめい》』だと思って、この流れについていかなければ駄目《だめ》だ。あとの執着《しゅうちゃく》は断《た》ち切って、この方向に舵《かじ》を切れ」ということをかなり発信したことによって、この国も、そちらの方向に向かって動いているのでしょう。

これはこれでよいことだと考えています。私たちには、そういうことを受け入れるだけの気持ちはあるのです。

「考え方」「理想」「思いの力」によって世界を動かす

私たちが言っていることを、ほかの政党が実現してくださるのも結構なのですが、できれば、もう少しだけ幸福実現党を応援《おうえん》してくださってもよいのではないかと思います。幸福実現党の入る枠《わく》を少しだけ空《あ》けてくださると、ありがたいものです。

例えば、ロシアのプーチン大統領などは、「日本との条約《じょうやく》や、北方領土の問題を解決《かいけつ》したいのだけれども、まだ信用ができない」というのが本音《ほんね》です。そして、「信用できるのは、幸福の科学と幸福実現党だけだ」と思っているのでしょう。

プーチン大統領は、当会の守護霊霊言《しゅごれいげん》等を勉強しているので、当会の主張《しゅちょう》している内容は伝わっています（『プーチン大統領の新・守護霊メッセージ』『プーチン　日本の政治を叱《しか》る』『ロシアの本音　プーチン大統領守護霊 vs. 大川裕太《ゆうた》』〔いずれも幸福の科学出版刊〕等参照《さんしょう》）。

そのなかで、プーチン氏《し》の守護霊は、「私の考えはこのとおりだけれども、今の日本の政治がこれでは、そのままにできないのだ。幸福実現党との連立《れんりつ》政権ができるのであれば、島を返しても構《かま》わない」と挑発《ちょうはつ》していらっしゃるので、私としても、何とか〝実験〟してみたいなと思ってはいるのです。このことは、頭のどこかには置《お》いておいてください。

やはり、ロシアのほうも情報網《じょうほうもう》を持っています。

二、三年ほど前、幸福の科学学園那須《なす》本校の生徒《せいと》が、ロシアのハバロフスクで開催された芸術展示会《てんじかい》（子供《こども》と若者《わかもの》の国際芸術創造祭典《そうぞうさいてん》「友好《ゆうこう》と夢《ゆめ》の拡大《かくだい》太平洋」）に絵を出品したところ、入賞《にゅうしょう》し、ロシアのほうに展示されたのですが、その後、それだけを理由にして、ロシアの学校の生徒が親善《しんぜん》友好訪問《ほうもん》というようなかたちで幸福の科学学園那須本校にやって来て、文化交流をしました。そのようなことは、普通《ふつう》はなかなかありえないことなので、ロシアの政府筋《せいふすじ》から道をつくったのではないかと思われます。

そのようなかたちで、ロシアとの交流が水面下で進んでいるのです。

またアメリカでも、トランプ政権登場前の、トランプ氏が圧倒的《あっとう》に不利《ふり》だと言われていた時期から、幸福の科学の国際本部や、あるいは幸福実現党の関係者等はトランプ氏の側近《そっきん》と連絡《れんらく》を取り合っていましたし、側近の人は、私の二〇一六年十月二日のニューヨークでの講演会にも来ています。その側近の方を通じ、トランプ大統領ご自身が身につけているカフスボタンと同じものをプレゼントされました。

そのように、今、幸福の科学はアメリカやロシア、あるいはその他のところに、水面下で大きな影響《えいきょう》を与《あた》えています。現実に、本当の政治が動いているのです。

すなわち、私たちの行《おこな》っていることは、間違《まちが》っているわけでも、的外《まとはず》れなわけでもなく、まずは、

2016年10月2日、アメリカ・ニューヨークで開催された講演会“Freedom, Justice, and Happiness”（自由、正義、そして幸福）の本会場の様子（クラウンプラザ・タイムズスクウェア・マンハッタン／アメリカ・ニューヨーク）。（右）『大川隆法 ニューヨーク巡錫の軌跡 自由、正義、そして幸福』（幸福の科学出版刊）

「考え方」「理想」「思いの力」で、世界を動かし始めているわけです。実際に人が目に見えるかたちでそれを動かし始めるようになるには、もう少し時間がかかると思いますが、だんだんにかたちは出てくるでしょう。

3　世界中の戦争《せんそう》を終わらせるために活動を続ける

今、私たちは大きな「時代の変《か》わり目」に存在《そんざい》している

日本では建国記念《けんこくきねん》の日に当たる二月十一日は、南アフリカのネルソン・マンデラ氏《し》が、一九九〇年に二十七年間の監獄《かんごく》生活を終えて釈放《しゃくほう》された日でもあります。

幸福の科学では、『ネルソン・マンデラ ラスト・メッセージ』（幸福の科学出版《しゅっぱん》刊《かん》）という霊言《れいげん》を発刊しましたし、国際《こくさい》活動をするに当たって、「●HS・ネルソ

●HS・ネルソン・マンデラ基金　世界から差別《さべつ》や貧困《ひんこん》をなくしていくことを目指し、国際的な支援《しえん》活動を展開《てんかい》していくために設《もう》けられた基金。

ン・マンデラ基金《ききん》」という募金《ぼきん》活動も行《おこな》っており、こういうものを通じて知っている人もいるでしょうし、基金への寄付《きふ》をしている人もいるでしょう。私が幕張《まくはり》メッセ等の会場で講演会《こうえんかい》を行うようになった一九九〇年ごろに、マンデラ氏は釈放され、その後、大統領《だいとうりょう》になり、「白人と黒人に分断《ぶんだん》された国家を一つにする」という偉業《いぎょう》を成《な》し遂《と》げました。

このように、黒人解放《かいほう》運動をし、白人政府《せいふ》からすれば、ある意味でテロリストのように見えていた人が、二十七年の刑期《けいき》を終えて出所した後《のち》、大統領になり、分断された国家を一つにしたわけです。

今、「トランプ大統領によって、アメリカが分断されるのではないか」などと多くのマスコミから危惧《きぐ》の声が出ていますが、実際には、そうはならず、その正反対のことが起きてくるのではないかと私は読んでいます。アメリカが再《ふた》び、アメリカらしくなり、「世界の先生」として、世界を護《まも》ってくれるようになると思うのです。

そのときの日本の果《は》たすべき役割《やくわり》は、おそらく、今までよりも、もっとはるかに大きなものになってくるでしょう。アメリカのよき片腕《かたうで》になるはずです。

やはり、先行するものは「考え方」です。

では、その「考え方」とは何でしょうか。今の時代を目指して、天上界《てんじょうかい》の神々、あるいは高級神霊《しんれい》から降《お》ろされているさまざまな教えがあります。そのことに関《かん》して、「なぜ今、この国に、これだけの教えが、天上界から降《ふ》り注《そそ》いでいるのか」ということを知ってほしいのです。

時代的に見れば、こういうものはめったにないことであり、それが来るというのは、今、私たちは、「大きな時代の変《か》わり目に存在《そんざい》している」ということだと思うのです。

宗教《しゅうきょう》戦争のもともとの「争《あらそ》いの種《たね》」をなくそうとしている

これまで、幸福の科学は、七百人以上《いじょう》のスピリチュアルな存在から霊言を頂《いただ》いています。本として出したものは霊言集だけで四百五十冊《さつ》を超《こ》え（二〇一七年十一月時点）、外国語にも翻訳《ほんやく》をされて発刊したものも多く、諸《しょ》外国で読まれています。

特《とく》に、信仰心《しんこうしん》の高い国においては、その浸透率《しんとうりつ》が非常《ひじょう》に高くなっています。どちらかといえば、日本では「霊言」というだけで警戒《けいかい》する人のほうが多い傾向《けいこう》はありますが、スピリチュアルなものを信じる国においては、非常にストレートに、スーッと入っていくようなのです。

そして、私は、次のような教えを説《と》いています。

「世界は、仏教《ぶっきょう》やキリスト教、儒教《じゅきょう》、道教《どうきょう》、イスラム教、ヒンドゥー教、日本神道《しんとう》など、いろいろな宗教《しゅうきょう》に分かれている。これらは、交通手段《しゅだん》も連絡《れんらく》手段もなかった時代にバラバラに起きた宗教である。それぞれの民族《みんぞく》のために起こした宗教であり、現代《げんだい》においては、そうした世界各地《かくち》の高等宗教をまとめる教えが必要《ひつよう》だ。その教えの下《もと》、さまざまな宗教を信じる各地の民族を、もう一度、お互《たが》いに理解できるような土俵《どひょう》に乗せて、話し合えるようにしなければいけない」と考えているわけです。

もちろん、「国防《こくぼう》」等についても述《の》べてはいますが、それは、実用的な面で大事なことだからであり、宗教として伝《つた》えているのは、「それぞれの宗教の違《ちが》いによって、争《あらそ》いが起き、殺《ころ》し合いが起きるということは、あまりにも虚《むな》しいことである」ということです。

どのような意図でキリスト教やイスラム教ができたのか、その本来の意味を明らかにすることによって、もともとの「争いの種《たね》」を切ってしまおうとしているわけです。

アジア各地《かくち》で起きる戦争を乗り越《こ》えるだけの思想を提供《ていきょう》する

中国は、マルクス主義《しゅぎ》が入ってから無神論《むしんろん》になり、「宗教はアヘンだ」などと言い始めました。

例《たと》えば、毛沢東《もうたくとう》は、チベットに侵攻《しんこう》し、仏教を弾圧《だんあつ》したりしましたが、中国の思想そのものを見れば、中国にも「天帝《てんてい》」といわれるものがあります。天なる帝《みかど》、要するに、「神様がいる」という思想は、何千年間も連綿《れんめん》として続《つづ》いているのであり、中国人は神を信じていないわけではありません。一般《いっぱん》の多数の人々は、みな信じているのです。

そのなかに、神仙《しんせん》思想や道教思想、あるいは仏教思想、さらに今は、キリスト教と、さまざまな宗教が入っていますし、一部には幸福の科学も入っています。

それから、現在は、台湾《たいわん》にも大事な〝光が降りて〟いますし（『緊急《きんきゅう》・守護霊《しゅごれい》インタビュー　台湾新総統《そうとう》　蔡英文《さいえいぶん》の未来戦略《みらいせんりゃく》』〔幸福の科学出版刊〕参照《さんしょう》）、北朝鮮《きたちょうせん》と韓国《かんこく》を含《ふく》む朝鮮半島も、どうにかしたいと思っています。私が、この地上にいる間に、この南北朝鮮問題は乗り越《こ》えたいと考えているのです。

やはり、このままでは不幸《ふこう》です。北朝鮮の人々はどのように思っているのか、あるいは、政府によって、どのように宣伝《せんでん》され、洗脳《せんのう》されているのかは分かりません。

また、韓国の人々も、ある意味では、北朝鮮に対して対抗心《たいこうしん》を燃《も》やしながらも、中国に寄《よ》ってみたり、日本に反発してみたり、アメリカに反発してみたり、近寄ってみたりと、いろいろなかたちで、自国の自主的な方向を打ち出せないでいるように思います。

この北朝鮮、韓国、それから中国の大きな問題を、何とか、私の時代に乗り越えたいと考えているわけです。

しかしながら、当面はまだ厳《きび》しい時代が続くでしょう。

現在、中国は、南シナ海の岩礁《がんしょう》をコンクリートで埋《う》め立てて全長三キロメートルの滑走路《かっそうろ》をつくり、そこから爆撃《ばくげき》等もできるような態勢《たいせい》ができていますが、おそらく、トランプ大統領の登場によって、向こう四、五年のうちに、局地的な戦争が起きるのではないかと私は推定《すいてい》しています。

こうした状況《じょうきょう》に際して、安倍政権《あべせいけん》が「わが国の国防も、実務《じつむ》的なレベルにおいてきっちりしたほうがよい」と考えている点については、ある程度応援《ていどおうえん》していますし、国防に関しては、幸福の科学が理論的に引っ張《ぱ》ってきたところが大きいと言うべきでしょう。

今のところは、まだ、そうした南沙《なんさ》諸島で、北朝鮮、台湾問題等による軍事《ぐんじ》的な大戦争が起きるところまでは行かないでしょうが、今後、局地的な紛争《ふんそう》ないしは戦争が起きる可能性《かのう》は高いと見ています。

したがって、日本としても、「国防」の自覚《じかく》を持つことが大事であると同時に、やはり、それを乗り越えるだけの「理論的な思想」がなければいけません。

七十年、八十年前の過去《かこ》の話ばかりをしていても、絶対《ぜったい》に前には進みません。そんなことをしていても、自分たちに都合《つごう》のよい理由をつける以外にないので、それを乗り越えて「前に行くための思想」が必要ではないでしょうか。

そして、私は、「幸福の科学の思想がそれに当たる」と考えています。未来には、こうしたアジアの不安定な地域《ちいき》も、安定化ならしめたいと思っているのです。

人間を超《こ》えた存在があって初《はじ》めて実現《じつげん》する「許《ゆる》し」「和解《わかい》」

マルクス主義のなかにも、弱者に対する優《やさ》しい考えが入っていることは事実です。ただ、「この世には物しかない」という唯物論《ゆいぶつろん》のところは、やはり、明らかに間違《まちが》っています。この三十数年間、いろいろな霊指導《しどう》を受け、霊言を送られてきた私の経験《けいけん》から見ても、唯物論が正しくないことは間違いありません。これはどうしても認《みと》められないことであり、「宗教はアヘンである。毒薬《どくやく》だ」というような考えを肯定《こうてい》することはできないのです。

やはり、神様なくして、人間性や、人間の道徳《どうとく》が向上することなどありえません。

人は、自分たち以上、人間以上のものを信じることによって、崇高《すうこう》な気持ちを持つことができます。また、憎《にく》しみ合っている者同士《どうし》がお互いに許《ゆる》し合い、和解《わかい》し合うことができるのは、人間という立場を超《こ》えた存在があって初《はじ》めて実現《じつげん》することだと思っています。

幸福の科学は、そうした「許しの原理」をも含んでいます。

対立を起こしたいわけではありません。戦争をしたいわけでもありません。危《き》険《けん》なものに対し、政治的《せいじ》には備《そな》えなければいけないこともありますが、それは、戦争をしたいからではなく、「悪い人たちが、悪いことを思いついてはいけないから、そうした備えはしておいたほうがよい」と考えているのです。

思想的に「争いの種《たね》」になっているところに問題があるならば、それよりも大きな思想でもって乗り越えていくことが大事だということを、繰《く》り返し繰り返し述べているのです。

4 「信《しん》じる力」が、奇跡《きせき》を起こす

アジアやアフリカにも浸透《しんとう》している幸福の科学

信仰心《しんこうしん》のある国の人々の場合、幸福の科学の教えを、日本人よりもはるかによく分かってくれることがあります。

二〇一一年に、私がインドで講演会《こうえんかい》を行《おこな》ったときに、こんなことがありました（『大川隆法 インド・ネパール 巡錫《じゅんしゃく》の軌跡《きせき》』〔幸福の科学出版刊《しゅっぱんかん》〕参照《さんしょう》）。

「今から二千五百年以上《いじょう》前に、釈尊《しゃくそん》が悟《さと》りを開いた場所にあった」と伝《つた》えられる菩提樹《ぼだいじゅ》の孫《まご》かひ孫かに当たる大きな木がある所に、現在《げんざい》ではマハーボーディ寺院という大寺院が建《た》っています。私がブッダガヤで四万人以上を集めて野外講演会を行った際《さい》、聴衆席《ちょうしゅうせき》の一列目、二列目の中央あたりの一角《いっかく》は、そのマハーボーディ寺院の僧侶《そうりょ》ばかり

2011年3月6日、インド・ネパール巡錫において開催された講演会“The Real Buddha and New Hope”（真なる仏陀と新たな希望）の様子。本会場となったインド・ブッダガヤにあるカラチャクラ広場には、4万人以上の聴衆が詰めかけた。（右）『大川隆法 インド・ネパール 巡錫の軌跡』（幸福の科学出版刊）

で占《し》められていました。つまり、僧侶を相手にして話をしなければいけないという状態《じょうたい》だったのです。

その講演会場は、布《ぬの》で仕切りをつくり、約《やく》四万人が入れるようなものを用意していたのですが、私の講演が始まってからも、入り切れない人々が次から次へと押《お》し寄《よ》せ、何とか会場内へ入ろうとして大変《たいへん》でした。講演を目指して各地《かくち》から何キロも裸足《はだし》で歩いてやって来る人が止まらなかったことを覚《おぼ》えています。

また、二〇一二年にウガンダの国立競技場《きょうぎじょう》で講演をしたときも、大人数《おおにんずう》の参加《さんか》者《しゃ》が会場に集まりました（『大川隆法　ウガンダ　巡錫の軌跡』〔幸福の科学出版刊〕参照）。

そのときは、講演前のプログラムの途中《とちゅう》でスコールがあり、聴衆の一部には場外のバスへ退避《たいひ》する人もいたのですが、なんと、スタジアムに呼《よ》び出しマイクの装置《そうち》がなかったために、「これから講演が始まりますので、スコールで退避している方は会場内に戻《もど》ってください」という案内《あんない》ができず、講演が始まってからも、バスのなかで雨《あま》宿《やど》りをしていた人たちが取り残《のこ》されてしまったのです。また、各地から来る予定だったバスのうち、百数十台が到着《とうちゃく》しないというトラブルもありました。

さらに、スタジアム内にいた人たちは、プラスチックの椅子《いす》を頭の上に載《の》せて、雨避《あまよ》けしながら講演を聴《き》いているような状況《じょうきょう》でした。そのため、映像《えいぞう》としてはやや放送しにくい状況ではあったのですが、現地の国営《こくえい》放送等は、上手に放送してくれていたようです。

2012年6月23日、アフリカ・ウガンダ巡錫において開催された講演会“The Light of New Hope”（新しき希望の光）の様子（マンデラ・ナショナル・スタジアム／ウガンダ・カンパラ）。（右）『大川隆法 ウガンダ 巡錫の軌跡』（幸福の科学出版刊）

その後、講演を見逃《みのが》した人たちがかなり怒《おこ》ったこともあり、私の講演は、何局ものテレビ局によって、ウガンダ全土、および周辺《しゅうへん》国で何度も繰《く》り返し再《さい》放送されました。ウガンダ国外に放送された分も含《ふく》めると、アフリカで私の講演を聴いた人の数は、三千万人から五千万人ぐらいは行っているのではないかと言われています。したがって、アフリカにおける私の知名度は非常《ひじょう》に高いのです。

それから、香港《ホンコン》等、アジアのほかの国々でも、あちこちで私の姿《すがた》を見つけては、「一緒《いっしょ》に写真を撮《と》ってほしい」などと言って寄ってくる人が絶《た》えません。こんなことは日本ではありませんので、国民《こくみん》性の違《ちが》いも関係《かんけい》しているのかもしれませんが、海外ではそういうことがあるわけです。

このように、幸福の科学も、世界中でずいぶん知られてきてはいます。

トランプ報道《ほうどう》に見る「世の中に認《みと》められること」の難《むずか》しさ

トランプ大統領《だいとうりょう》は、マスコミを敵《てき》に回し、「嘘《うそ》ばかり報道《ほうどう》している」と発言していますが、それは、日本のマスコミにも同じことが言えるでしょう。トランプ氏《し》に関しては、「ずいぶん過激《かげき》なことを言うものだ」とは感じつつも、そういうことは、私もよく言ってきたことではあるので、似《に》たような人が出てきたなと思ってはいるのです。

おそらく、彼が非常に正直に物事を言っているところを、すべて悪意に捉《とら》えて報道しているような面はあるのでしょう。

マスコミの本能《ほんのう》として、「権力者《けんりょくしゃ》に対しては抵抗《ていこう》しなければいけない」という不文律《ふぶんりつ》があるので、そういう専制《せんせい》君主的な権力を持っていそうな人が出てきた場合には、それに立ち向かう使命があることはよく分かります。「いちおう、〝牽制《けんせい》球《きゅう》〟を投げてみて、どうなるかを見る」という面があってもよいとは思うのです。ただ、普通《ふつう》、大統領になって最初《さいしょ》の百日間ぐらいは、「ハネムーン期間」として、新大統領への批判《ひはん》をしないものなのですが、トランプ大統領の場合、〝初《はじ》めから〟批判をされ続《つづ》けて戦《たたか》っているような状況で、頑張《がんば》っています。

あのような状況を見ると、「アメリカでもそうなのか」と感じるところがあります。やはり、すべての人に納得《なっとく》してもらうことは、なかなか難《むずか》しいものなのでしょう。

民主主義《しゅぎ》的な制度である選挙《せんきょ》で勝って大統領になったにもかかわらず、一部の国民が「認《みと》めない」などと言ってデモをしている状況を見るかぎり、アメリカも、まことに〝非民主主義的な国家〟になっていると思います。

やはり、世の中に認められるということは、なかなか難しいものなのだなと感じています。

「自助努力《どりょく》をしつつ信じる者」に大いなる他力《たりき》が及《およ》ぶ

今、幸福の科学を静《しず》かに見守っている人は数多くいると思いますが、私たちの言っていることを、そのままストレートに、正直に受け取るのは怖《こわ》いと思う人も、やはり、一部にはいるでしょう。

ただ、ここで述《の》べておきたいことは、「私たちは、基本《きほん》的に、多くの人々を救《すく》いたいという気持ちでいっぱいなのだ」ということです。「助けたい」と思っているのです。

自分自身で自分を磨《みが》き、立て直していける人には、そのようになってほしいし、それだけの力がない人には、自分自身を力強く豊《ゆた》かにできた人が手を差《さ》し伸《の》べて、手伝えるようにしてほしいと考えています。「政府《せいふ》が『大きな政府』となって、すべてやってくれればよいのだ」というように考える人もいるのでしょうが、諸国《しょこく》を見ても、残念《ざんねん》ながら、実際上はそのようにはならないことのほうが多いのです。ですから、「自分たちでできることは、自分たちでやっていきましょう」ということです。

そのように、自助努力《どりょく》を勧《すす》めつつも、そのなかで信じることによって、大きな他力《たりき》が人々を救うことになります。他力というものも忘《わす》れてはなりません。

実際に、幸福の科学では、いろいろなところで奇跡《きせき》が起きています。信じる者には奇跡が起きているのです。病気などもたくさん治《なお》りました。すでに何百、何千と治っており、今も治り続けています。不思議《ふしぎ》なぐらいです（幸福の科学 公式サイト等参照）。

ただ、私たちは、そのことをあまり大きく宣伝《せんでん》してはいません。なぜならば、それを「当たり前のこと」だと思っているからです。

それは、その人の信仰心が病気を治しているのであり、私たちが医者の代わりに治しているつもりはありません。「その人の信仰心が、天上界《てんじょうかい》の同意を得《え》て、天上界から反応《はんのう》を受けたときに、病気が治る」という奇跡が起きてくるのです。そういうときでなければ、奇跡などはなかなか起きるものではありません。

また、経済《けいざい》的に立ち直った人や、ここ三十年ぐらいで、自社が大企業《だいきぎょう》になったような信者も数多くいます。信者ではなくても、私の本を読んで、起業成功《せいこう》を達《たっ》成《せい》した人もいます。

あるいは、教育においてもそうです。

ある校長先生が新しい学校に転勤《てんきん》したところ、校長室に、私の著書《ちょしょ》である『教育の法《ほう》』（幸福の科学出版刊）が置《お》いてあったそうですが、そういう学校がたくさんあると聞いています。教育者のなかにも、幸福の科学の提唱《ていしょう》している新しい教育のあり方について勉強している人が数多くいるのです。

「幸福の科学」の名前を隠《かく》さずに堂々《どうどう》と活動している幸福実現党《じつげんとう》

実は今、幸福の科学の信者のように、目に見えるかたちで活動している人以外にも、数多くの理解者《りかいしゃ》がいます。そういう人たちが自信を持って、「私も手を差し伸べて、一緒に協力《きょうりょく》したい。活動してみたい」と言えるだけの「自信」と「勇《ゆう》気《き》」に満《み》ち溢《あふ》れた団体《だんたい》をつくっていくことが、今、当会として必要《ひつよう》なことだと考えています。

そういう各界にいる人たちが、自分から信仰告白《こくはく》をし、「私は幸福の科学の信者です。これで自信を持ってやっています」とカミングアウトできるようになってほしいのです。

「『幸福の科学』の名前を出したら選挙で落ちるから、出せない」などというような弱い人ではなく、「幸福の科学」の名前を出して、堂々《どうどう》と当選する人が出てほしいのです。

そのためにも、幸福実現党《じつげんとう》は、あえて隠《かく》さずに、堂々と活動しています。最初は怖いかもしれません。ただ、何度も何度も選挙に出ていれば、人間性というものが見えてくるでしょうから、「何を訴《うった》えているのか。どういうことをしようとしているのか」ということが分かってくるはずです。

かつて、ある自己《じこ》実現の大家《たいか》が、「一回の失敗《しっぱい》で諦《あきら》める人は凡人《ぼんじん》であり、三回失敗しても諦めない人はなかなかの優《すぐ》れ者であり、十回失敗しても諦めない人は天才だ」というように言いました。それで言えば、幸福実現党は、まもなく、〝天才〟の域《いき》に入ろうとしています。おそらく、そうなるでしょう。私は、実力というものは、負ければ負けるほど出てくると思っているのです。

本当は、幸福実現党の支持者《しじしゃ》はいろいろなところにいるのですが、「現実の政《せい》治《じ》は、ブランドのある老舗《しにせ》のところに任《まか》せたほうが楽だろう」と思い、そちらを支持している人も多いし、小選挙区制であると、どうしても二大政党制へと収斂《しゅうれん》していく傾向《けいこう》があるので、第三極《きょく》以下はなかなか勝てないようになっています。

それでも、そのなかで、次第《しだい》しだいに浸透《しんとう》していくことになるでしょう。最後は、日本中の人々が信者になってくれればよいと願《ねが》っているのですから、そこまでやるしかないと考えています。

「すべては前に向かって進んでいる」と思っているのです。

「信じる力」の持つ本当の意味とは

まだ、「信じる力」の本当の意味を分かっている人はそう多くないかもしれませんが、「信じる力」とは、心のなかの気休めだけではありません。

「信じる力」というのは、本当に物理的な力を持っており、この世において生きる上で各人の道を妨《さまた》げているものを打ち破《やぶ》り、貫《つらぬ》いていくだけの力があるのです。

現代では、知識人《ちしきじん》といわれる人のなかには、不可知論《ふかちろん》を唱《とな》えて、「この世の中について、本当のことなど分からない。神様など分からない。この世の始まりも分からない。霊《れい》など分からない。霊界《れいかい》など分からない」と言うような人が大勢《おおぜい》います。そうした不可知論の人々、信じられない人々の山のなかを、トンネルのごとく、くりぬいていく力が、「信じる力」なのです。

この「信じる力」をレーザー光線のように結集《けっしゅう》していけば、どのような山でもくりぬくことができます。

今こそ、そういう時が来ていると思うのです。

全国の幸福の科学の信者のみなさん、それから、幸福の科学のシンパのみなさん、幸福の科学に関心を持っているみなさん、あるいは、未来《みらい》の予備軍《よびぐん》のみなさん、もし、私が三十数年間続けてきたことのなかに、「真実がある」と信じてく

●不可知論　「人間は、経験しえないこと（神など）を知ることはできない」とする立場。19世紀におけるイギリスの生物学者であるトマス・ヘンリー・ハクスリーの造語だが、カント以降の哲学でも不可知論は主流となっている。

ださるのであれば、どうか、みなさんの「思いの力」を、未来や神の力を塞《ふさ》いでいる山にトンネルを打ち抜《ぬ》く「強い光」へと変《か》えていってください。そういう大きな流れをつくっていきたいと考えています。

みなさんの力が一つにまとまる日を待っています。

信仰《しんこう》の「無限界《むげんかい》の力」、病《やまい》が治《なお》る奇跡《きせき》。

心を変《か》えれば、環境《かんきょう》は変わり、
人は変わり、未来《みらい》は変わっていくのです。
その根本《こんぽん》にあるのが信仰《しんこう》の力です。

信仰は、たとえて言えば、
あなたがたの家庭に引かれている水道の本管《ほんかん》につながる行為《こうい》です。
蛇口《じゃぐち》をひねって水道の本管から水を引き入れる行為、
それが信仰なのです。

本管に滔々《とうとう》たる水が流れていても、
信仰によって蛇口をひねらなければ、その水は蛇口から出てはきません。
これと同じように、「信ずる」ということ、「肯定《こうてい》する」ということ、
「受け入れる」ということによって、
あなたがたには無限《むげん》の力が与《あた》えられるようになるのです。

この「信ずる」という力は、
通常《つうじょう》の学校教育において教わることは決してないでしょう。
これは、宗教《しゅうきょう》あるいは宗教教育においてのみ教わることです。

あなたがたの真なる父が、

天において、無限界であり、無敵《むてき》であるように、
あなたがたも、
この地において、無限界であり、無敵でありなさい。
それは、「信仰において勝利《しょうり》せよ」ということなのです。

信ずる者の場合、病《やまい》が治《なお》っていきます。
あなたがたが、どのような人生観《かん》を持ち、
どのような自己《じこ》イメージを持つかによって、
あなたがた自身の肉体の設計《せっけい》は変わります。

あなたがたの血液《けつえき》のなかにある赤血球や白血球、リンパ球、

こうしたものもまた、
強い霊的《れいてき》な生命力を帯《お》びて、日々、活動しています。
そういうものが、「あなたがたが、どのような思いを発信するか」
ということによって変わっていくのです。

体のなかにあるウイルスその他、
悪《あ》しき物質《ぶっしつ》と戦《たたか》って、それを駆逐《くちく》し始めます。
体のなかにできているガン細胞《さいぼう》や、その他の不適切《ふてきせつ》な組織《そしき》は、
この「思い」によって、どんどんとつくりかえられ、
廃棄処分《はいきしょぶん》にされていきます。淘汰《とうた》されていくのです。

第2章

愛《あい》から始まる

Starting from Love

「人生の問題集」を解《と》き、「人生学のプロ」になる

1 「愛《あい》されたい」という気持ちは人間の本能《ほんのう》

「愛を与《あた》えられたい」――人はそう思うもの

本章のテーマは、「愛《あい》から始まる」です。幸福の科学にとっては非常《ひじょう》に懐《なつ》かしいテーマでもあり、当会に初期《しょき》のころから集《つど》っている人にとっては、ずいぶん昔に返った感じがするかもしれません。

こういう内容《ないよう》は、私がもっと若《わか》いときによく説《と》いていました。今も気持ちだけは若いのですが、実際《じっさい》には数十年か年を取りましたので、今、似《に》たようなテーマにチャレンジしたら、どのように変《か》わるのか、あるいは変わらないのかということも、気になるところでしょう。

さて、愛というものを考えるとき、若い人などは、たいてい、「人間の幸・不《ふ》幸《こう》を分けるものとして、人から愛されると幸福、愛されないと不幸」というように考えるのではないかと思います。これが、単純《たんじゅん》な、最初《さいしょ》の感じ方でしょう。

こういうことは、人に教わらなくても本能《ほんのう》的に感じるものです。十代の後半、あるいは前半ぐらいから、すでにそうなる人もいるかもしれません。

ですから、若い人は特《とく》に、「人から愛を与《あた》えられたい」という気持ちが強いでしょう。さらに、もっと行けば、「愛を独占《どくせん》したい」という思いでしょうか。これは、つまり、「自分だけを愛してほしい」というような気持ちです。テレビドラマなどを観《み》ても、そういうものをテーマにしていることが多いように思います。

そうした、「人からの愛が欲《ほ》しい」という気持ちが、よいかたちで表れると、ある意味での自己実現《じこじつげん》というかたちとなって表れてきます。自分自身をもっと成《せい》長《ちょう》させ、もっと立派《りっぱ》な人間になり、人から尊敬《そんけい》されて、自分が憧《あこが》れるような人からも「素敵《すてき》だな」と言われるようになりたいという気持ちになっていきます。そして、その人の気持ちを自分にグーッと集めたいというような思いになるのでしょう。

これは、間違《まちが》いではないでしょうし、中《ちゅう》・壮年期《そうねんき》になっても、そういう気持ちを持っている人は多いのではないでしょうか。

物事に励《はげ》む原動力にもなりうる「愛を求《もと》める気持ち」

ところが、人口が多くなり、この世での「愛をめぐる競争《きょうそう》」も非常に激《はげ》しくなってきました。

「人気が集まる人」には、たくさんの人からの好意《こうい》が集まっていきます。ただ、そういう人は、浅《あさ》く広くいろいろな人を愛することができたとしても、〝一人の人〟を深く愛し、契約関係《けいやくかんけい》になるような結《むす》びつきをその一人の人と持つところまで行くのは、それほど簡単《かんたん》なことではないでしょう。

一方、誰《だれ》もが振《ふ》り向くわけではないような人が、愛を求《もと》められた場合には、〝クイックレスポンス〟をするかもしれません。

そのように、たいてい、人気というのは、ある人にはあり、ない人にはないことが多いものです。

たとえとしてよいかどうかは分かりませんが、幸福実現党《こうふくじつげんとう》の候補者《こうほしゃ》が選挙《せんきょ》に臨《のぞ》むときなども、「なぜ、ほかの党の候補者にはたくさん票《ひょう》が入るのに、幸福実現党はこんなにも少ないのかな。寂《さみ》しいな」と言いたくなり、「少しは私に愛を下さい♪」と、思わず歌いたくなるような気持ちがなくもありません。「どうして、幸福実現党に入る票はこんなにも少ないのでしょうか。平等に愛してほしい」と、〝結果《けっか》平等〟が少し欲しくなる気持ちもないわけではないのです。

このように、こちらからは愛を発信《はっしん》しているつもりでいても、相手側《がわ》からはなかなか〝返ってこないもの〟なのではないでしょうか。とりわけ、若いころは、自分自身の値打《ねう》ちや客観的《きゃっかん》な輝《かがや》きがよく見えないところがあり、その〝落差《らくさ》〟に悩《なや》むことは多いのではないかと思います。そういう意味で、どうしても、「人より頭一つ抜《ぬ》け出したい」という気持ちが強くなってくるのです。

ただ、それが、一生懸命《いっしょうけんめい》に勉強に励《はげ》んだり、スポーツに励んだり、あるいは仕事に励んだりする原動力にもなっているので、必《かなら》ずしも悪いものだとは言えないでしょう。

たとえ外見がそれほどよくはなくても、たとえ勉強ができなかったとしても、例《たと》えば、高校野球の全国大会に出場して、甲子園《こうしえん》球場でエースピッチャーとして球《たま》を投げるというような檜舞台《ひのきぶたい》に立ち、それがテレビカメラで全国放送されるようになれば、学校の女子生徒《せいと》たちも「うわあ、素敵」ともてはやすようになり、スターになってしまいます。

あるいは、幸福の科学グループでも芸能《げいのう》プロダクションを手がけていますが、スクリーンに顔がアップで映《うつ》ったところを大勢《おおぜい》の人に観られる人を見たりすると、「あんなふうになりたいな」とは思っても、現実には、なかなかそうはなれない厳《きび》しさを感じていくところがあるでしょう。

「愛されたい」という気持ちが苦しみをつくることもある

若いころの自己研鑽《けんさん》や努力《どりょく》のなかには、ある意味で、「多くの人に注目されたい」というか、簡単に言えば、「愛されたい」という気持ちも多分に含《ふく》まれているのだろうと思います。一般《いっぱん》的には、私はそれを否定《ひてい》するつもりはありません。

ただ、このなかには、「向上の原理」として使える面もあることは事実であるものの、残念《ざんねん》ながら、苦しみをつくっているところも多いと言えます。

世の中を見渡《みわた》してみると、「私はあなたを愛しています」などと言ってくれる人に出会うことは、あまりありません。また、人が寄《よ》ってくるときには、大方《おおかた》は、「何かを下さい」と言ってくるのではないかと思うものです。

ただ、幸福の科学は、伝道《でんどう》活動をしたり、政治《せいじ》活動をしたりしているので、私自身、そういう人たちに対しても、もう少し心を開かなければいけないと思うところもあります。

しかし、道を歩いていて、誰かがスーッと寄ってくる場合には、たいてい、何かの〝頼《たの》み事《ごと》〟のようなものが多く、それにティッシュペーパーをつけて配っていたとしても、なかなか受け取れないものです。もちろん、ティッシュペーパーの値打ちもゼロではないので、もらえること自体はよいものの、それでも、「もらったものをポケットに入れると、服が膨《ふく》らんで見えるかな」などと思うだけで、もらわなくなったりします。

ティッシュペーパーのようなものでさえ、受け取られないのですから、ましてや、宗教《しゅうきょう》の伝道ということになると、みな、けっこう苦しんでいることでしょう。駅前で、道行く人に近寄り、「幸福の科学に関心はありますか」と声をかけたら、スッと逃《に》げられるとか、あるいは、「あなたは悩みがあるのではないですか」と話しかけても、「放っておいてください」と、はねつけられる感じはあるでしょう。

例えば、ほとんどの人は、「テレビに出てみたい」という気持ちを持っていたとしても、実際に交差点あたりでテレビカメラが撮影《さつえい》していて、テレビ局の人が三人ぐらいウロウロしていたりすると、カメラを避《さ》けたくなるものです。実際、私自身でもそうなります。

「ここでテレビに出れば、一つのパブリシティとなって、無料《むりょう》で広告《こうこく》になるかな」と思ったりするものの、交差点で大川隆法がインタビュアーに捕《つか》まって、ろくでもない話をしたらどうでしょうか。

「これから、どちらに行かれるのですか」という質問《しつもん》に対し、「ええ、ちょっとそこまで。お腹《なか》が空《す》いたので、ラーメンを食べに行きます」などと答えているところをテレビ番組で流されたら、全国の信者はがっかりしてしまうでしょう。もう少し高等な質問で迫《せま》ってもらえればよいのかもしれませんが、なかなかそうはいきません。

このように、テレビ局の人が「テレビに映したい」と思っていても、やはり、たいていは断《ことわ》られるものなのです。

人を愛することを難《むずか》しくするさまざまな条件《じょうけん》

十年ほど前のことですが、あるところにオープンしたドーナツ屋が雑誌《ざっし》等でも人気店と紹介《しょうかい》されていたので、私も行ってみたことがあります。

オープンしてまもないころではありましたが、その日はたまたま雨が降《ふ》っていたこともあってか、お客が来ていませんでした。しかし、店のなかでは、賑《にぎ》わっているところを撮《と》るつもりだったのか、テレビカメラを持った人が待ち構《かま》えていたのです。店内にお客が誰もいないところに私がヒョコッと入ってしまったものですから、向こうは、「〝獲物《えもの》〟が来た」とばかりに、すごい勢《いきお》いで近づいてきて、「すみませんが、取材《しゅざい》してもよろしいでしょうか」と訊《き》いてきました。

ところが、「取材はお断りです」と言うと、取材する気でいた人はすごすごと店の外に出ていき、しょぼんとしているのが見えたのです。「かわいそうなことをしたな」とは思いつつも、私がドーナツの宣伝《せんでん》に出るというのもどうかと考え、辞退《じたい》したわけです。取材は、店にとってはよいことなのかもしれませんが、「幸福の科学の会員が殺到《さっとう》したら、大変《たいへん》なことになるのではないか」と思ったこともあって、お断りしました。

もしかしたら、あのようにして断られたりするうちに、マスコミの人もだんだん性格《せいかく》が悪くなっていくのかもしれません。そうすると、誰かに意地悪《いじわる》なことを言っていじめたくなることもあるのでしょう。

そのように、テレビでも週刊誌《しゅうかんし》でも、取材をする側はよく断られているようなので、彼らも〝愛を拒絶《きょぜつ》される〟なかで性格が悪くなっていくらしいということは承知《しょうち》しています。

普通《ふつう》の人は、たとえ、「テレビ等に出たい」という気持ちがあったとしても、実際に自分の生《なま》の姿《すがた》や構えていない姿を見られることは怖《こわ》いわけです。「よいところは見せたいけれども、格好《かっこう》悪いところは見せたくない」というところはあるのではないでしょうか。

ちなみに、わが家《や》では、私がリラックスして、伸《の》び伸びしている姿を家内《かない》がたくさん写真に撮っています。撮った画像《がぞう》はほかの人には見られないようにロックして、個人《こじん》的に楽しんでいるようですが、他の人には決して見せることができない映像《えいぞう》ではあります。

余談《よだん》はさておき、「他の人との関係」というのは難《むずか》しいものです。自分は「こうしたい」と思っていても、実際には、自分が思っているとおりではないようなシチュエーション（状況《じょうきょう》）が現《あらわ》れたら、そうはなりません。

それは、人を愛することにおいても同じようなところがあるでしょう。「両者の気持ちが互《たが》いに合う」というのは、なかなか難しいものだと思います。

例えば、若いカップルであれば、互いに惹《ひ》かれ合うところがあったとしても、何らかの条件《じょうけん》があったりして、それでも惹きつけ合うということは、そうとう難しいものです。

ましてや、そうした恋愛《れんあい》を超《こ》えて、見知らぬ人を愛したり、世間《せけん》に生きている人を愛したりするというのは、やはり、とても難しいことだと、つくづく思います。

2 「人生の問題集」「組織《そしき》の運営《うんえい》」に伴《ともな》う愛《あい》の苦しみ

「親子の愛」「夫婦《ふうふ》の愛」にもさまざまな問題が伴う

幸福の科学では、初期《しょき》のころから「人生の問題集」という言葉を使っていますが、愛《あい》というものは、ある意味で、「人生の問題集」としては非常《ひじょう》に典型《てんけい》的なものかもしれません。それは、誰《だれ》もが直面するものであろうと思うのです。

例《たと》えば、人生の早い段階《だんかい》から、「男女の愛」も始まります。

それから、子供《こども》が生まれると、「親子の愛」のところが問題になります。親子の葛藤《かっとう》がたくさん起きてきて、子供を愛すれば愛するほどに、だんだんあとになってから反逆《はんぎゃく》してくる場合もあるわけです。そのように、愛の裏返《うらがえ》しで、反対のものになっていくようなこともあります。

一方、「この子にはあまり期待していないから」と思って、親のほうは子供に対して浅《あさ》い愛で止《と》めていたのに、子供のほうは意外に頑張《がんば》って親孝行《おやこうこう》になる場合もあるので、なかなか難《むずか》しいものです。

また、「夫婦《ふうふ》の愛」についても、さまざまな問題が出てきます。若《わか》いころは誠《せい》実《じつ》に愛し合っていても、中年期、熟年期《じゅくねんき》に入っていくにつれ、仕事上の条件《じょうけん》が変《か》わってきたり、子育てをしているうちにほかの仕事も出てきたりします。

幸福の科学で言えば、主婦で子育てをしている身でありながら、日曜日のお昼ご飯《はん》もつくらずに、当会の講演会《こうえんかい》に参加《さんか》する人もいるわけです。家族も信者であれば、それを理解《りかい》してくれることもあるかもしれませんが、例えば、受験生《じゅけんせい》の息《むす》子《こ》が翌日《よくじつ》に模試《もし》を受けることになっていて、「この次にE判定《はんてい》が出たら、僕《ぼく》はもう志望校《しぼうこう》を受けるのをやめる」というような、鬼気迫《ききせま》る雰囲気《ふんいき》のときもあるでしょう。

そういうなかで、「今日は大川隆法先生の御法話《ごほうわ》を聴《き》いてくるからね」と息子に言ったら、「僕のことなんか考えてくれていないんだ！」と暴《あば》れられることもあるかもしれません。そうなると、お互《たが》いになかなか止まらなくなり、「あなたは信仰《しんこう》を否定《ひてい》するの？」「いや、分からないことはないけれども、僕の模試だって大事でしょう！」などと口論《こうろん》になることもあるでしょう。

そのように、子供が小さいころとはやや違《ちが》ったものが出てきて、難しくなってきます。

あるいは、夫《おっと》にしてもそういうところは出てくるでしょう。夫から、「俺《おれ》だって、今日は社外の人とゴルフをしなければいけない約束《やくそく》がある。おまえが講演会に行くからといって、代わりに俺がゴルフをサボってご飯をつくれというのは無理《むり》だぞ。仕事のほうが優先《ゆうせん》だろうが。それがあるから、給料《きゅうりょう》が入って、おまえたちは食べていけるし、宗教活動《しゅうきょう》もできるし、息子だって大学に行こうとしているんじゃないか。だから、俺のゴルフは大事なんだ！　大川隆法先生が倒《たお》れたって、俺のゴルフのほうが優先なんだ」などと言われるかもしれません。

するとと、妻《つま》のほうも、「信仰心のない人ね！」などと言いたくなることもあるでしょうが、信者のなかには、そうした夫婦間の葛藤を経験《けいけん》した人も多いのではないでしょうか。

ただ、そういうことはしかたがない面もあると思います。「限《かぎ》られた数十年の人生のなかで、この有限《ゆうげん》の時間を何に使い、自分の今世《こんぜ》の人生を輝《かがや》かせるか」「どうすれば自分の人生は十分だったと言えるのか」と考えたときに、値打《ねう》ちを感じるものがあるのであれば、やはり、〝選択《せんたく》〟が働《はたら》いてきます。

そうなると、妻としては、「今日、自分がご飯をつくろうがつくるまいが、コンビニで買ってきたものを食卓《しょくたく》に置《お》いておこうが、息子の模試の成績《せいせき》はどうせ変わりはしないのだ。E判定はE判定、A判定はA判定で、どうせ同じだ」という感じになることもあるでしょう。息子は〝気分の問題〟で母親に当たっているだけだということもあるでしょう。

あるいは、夫のゴルフにしても、妻としては、「私が講演会に行こうが行くまいが、スコアは同じでどうせ変わらないのだ。相手に勝たせなければいけないときには自分が負ければいいし、自分が勝ってもいい相手だったら勝てばいい。好《す》きなようにすればいいのだ」という感じでしょうか。

そのように、「純粋《じゅんすい》な愛」によって結《むす》びついた関係《かんけい》であっても、人生経験を深めていく間に、さまざまな行き違いや言葉のすれ違いはあるかもしれません。

「組織を発展《はってん》させるための人事」を理解《りかい》してもらえない悲しみ

私も、三十年以上《いじょう》この仕事を続《つづ》けていますが、最《もっと》もつらかったのは、自分が愛した弟子《でし》たちが、何かの行き違いで離《はな》れていったときです。これには、何とも言えない悲しさがありました。

例えば、初期のころ、当会を手伝《てつだ》ってくれた人は一生懸命《いっしょうけんめい》だったと思います。本当に私心《ししん》なく手伝ってくれたように思うのですが、だんだん教団《きょうだん》が大きくなってくると、うまく回らなくなってきて、また〝新たな戦力《せんりょく》〟を入れなくてはいけなくなりました。あとから来たとしても、その人たちを使わないと教団がもたなくなってきたのです。

しかし、あとから来た人たちを重要《じゅうよう》なところに据《す》えたりすると、以前からいた人たちとしては、自分たちが否定されたような気持ちになるのでしょう。要するに、「面白《おもしろ》くない」ということで、何かと不満《ふまん》が出てきたり、辞《や》めていったりするような人もいたのです。

もちろん、私は、その人たちを愛さなくなったわけではありません。一生懸命やってくれたことに対しては「ありがたい」と思って感謝《かんしゃ》していますし、私の気持ちが変わったわけでもないのです。

ただ、教団としての組織が発展《はってん》していくためには、そのときに与《あた》えられた必要《ひつよう》な人材《じんざい》を配置《はいち》しなかったら、自分にとっての「正しさ」というものが失《うしな》われます。そのため、あえてそうしなければいけなかったのですが、理解《りかい》してもらえないことは数多くありました。

そのように、人は「愛」といっても、「自分を認《みと》めてくれている間だけ愛する」というようなことに、どうしてもなりやすいのです。やはり、認められようが認められまいが愛を持ち続けるというのは、実に難しいことなのかもしれません。

それは、「相手の考えていることが分かり切らない」と言えば、そのとおりでしょう。おそらく、「『あなたを信頼《しんらい》する』とか『愛している』とか言うのなら、〝丸ごと〟自分を愛してくれ。自分のやることについては、〝全部〟任《まか》せてくれ」

という気持ちがあるのだと思います。

そのため、それを修正《しゅうせい》しようとか、否定しようとか、ほかのものに変えようとかされると、とたんに〝オコゼ〟になるというか、急に立腹《りっぷく》する人が多いわけです。私もこのあたりについては、過去《かこ》、非常に悲しい思いを何度もしてきました。

聖《せい》フランチェスコとマザー・テレサの例《れい》に見る「組織運営の難《むずか》しさ」

なお、今回、愛の話をするに当たり、多少、キリスト教の勉強をしておいたほうがよいかと思って、前日に、中世の一二〇〇年代にイタリアの修道会《しゅうどうかい》を開いた「聖《せい》フランチェスコ（アッシジのフランチェスコ）」の物語（映画《えいが》）や、オリヴィア・ハッセーが主演している「マザー・テレサ」の映画などを、もう一回、観直《みなお》してみました。

ただ、両方ともそうなのですが、その中心にいる人は、自分がやりたいことを自分がやりたいように自由にやっていても、だんだん信奉者《しんぽうしゃ》が増《ふ》えてくると、うまくいかなくなってきます。

アッシジのフランチェスコの場合だと、修道会のメンバーが国を超《こ》えて数千人ぐらいにまでなったときに、会則《かいそく》というか、入会資格《しかく》のようなものを決めようということになったのですが、フランチェスコのほうは「決めたくない」と言うわけです。それをつくって、ローマ法王《ほうおう》に承認《しょうにん》を得《え》なければいけないにもかかわらず、「そういうことは嫌《いや》だ」と言いました。

もちろん、組織運営をするためには、もう少し、インテリの人たちを入れて、その人たちを使わなくてはいけないのは確《たし》かなのです。また、当時の十三世紀《せいき》のイタリアにも大学はあり、文法《ぶんぽう》や神学《しんがく》、法学《ほうがく》などを勉強していたような偉《えら》い人たちが、「自分たちを使え」という感じで寄《よ》ってきてはいました。

しかし、フランチェスコは、「そういう人たちは、口は立つが、肝心《かんじん》の信仰がないではないか。『福音書《ふくいんしょ》』だけあれば十分だ」というようなことを言うのです。それで、実際上《じっさいじょう》、会則がつくれないために苦しんでいるような状態《じょうたい》が描《えが》かれていました。

オリヴィア・ハッセーが主演したマザー・テレサの映画でも同じです。ちなみに、この映画には、幸福の科学の映画「ファイナル・ジャッジメント」（製作総《せいさくそう》指揮《しき》・大川隆法。二〇一二年公開）に出演していたスリランカの女優（ウマリ・ティラカラトナ）がマザー・テレサの助手役として出ていました。とにかく、マザー・テレサのほうも、瞬間《しゅんかん》的に行動するような人なので、いろいろなところで法律《ほうりつ》や規則《きそく》に抵触《ていしょく》し、行政《ぎょうせい》等とぶつかるわけです。そうしたものが壁《かべ》になって前に進まなくなるような場面が出てくるので、「組織をつくって、広げていくときというのは、いろいろなこの世のものとぶつかって、難《むずか》しいものだな」と感じました。

中心にいる人は、「ただ神様の愛を広げたいだけなのに、どうしてこれが分かってもらえないのだろう」と思うのですが、例えば、周《まわ》りの人たちは、「ここに孤児院《こじいん》を建《た》てるには、規則により、きちんと許可《きょか》を取らないと駄目《だめ》なのだ」などと言うので、それで両者はぶつかるのです。

私は、その二つの映画を観直してみて、「組織運営というのは難しいものだな」と、改《あらた》めて感じました。

釈尊《しゃくそん》も苦労《くろう》した、組織運営における「生かす愛」の難しさ

ただ、これは釈尊《しゃくそん》も感じたことではあります。最初《さいしょ》のころに、自由修行者《しゅぎょうしゃ》として山林で修行をしていたときには、みな、思い思いに、自由に修行していたのですが、教団ができ、組織ができると、いろいろなところで騒《さわ》ぎが起きてきました。

しかも、どちらが正しいかをなかなか決めかねるようなこともあったのです。

釈尊は、四人の出家者《しゅっけしゃ》でサンガ（「現前《げんぜん》サンガ」）をつくり、そこで「どちらが正しいか」を判定させるようにした（この裁判《さいばん》を「羯磨《こんま》」ともいう）のですが、なかには収《おさ》まらないものもありました。やはり、「釈尊でさえ匙《さじ》を投げる」というか、釈尊自身が聞いても、どちらが正しいか判定不能《ふのう》というものはあったのではないかと思います。

そのように、組織運営となると、人間の「自我《じが》 対 自我」と言ってもよいでしょうが、それぞれの人によって、自分が「正しい」と考えるもの、「よかれ」と考えるものが、多少ずれてくるわけです。

また、そこに「調整の原理」が働き始めると、単純《たんじゅん》な「愛の原理」だけではないものが出てきます。

愛は、「すべてを受け入れ、すべてを許《ゆる》し、すべてを包《つつ》み込《こ》む」ようには見えるのですが、実際に、この世の現実のなかを生きていく間には、いろいろな調整や判断《はんだん》、あるいは、捨《す》てるところや選《えら》ぶところが出てこなくてはいけなくなるからです。ここは、とても難しいことであり、これが、「愛の発展段階説《せつ》」に言う「生かす愛」のところなのかもしれません。

智慧《ちえ》を得て、知識《ちしき》を持ち、仏法真理《ぶっぽうしんり》の観点《かんてん》から、この難題《なんだい》に優先順位《じゅんい》をつけなくてはいけないのですが、この段階で、原始的なレベルの愛が引っ掛《か》かってくることはよくあるのです。

ただ、当会の初期のころに一生懸命、教団を手伝ってくださった人で、今も自分のプライドに関係なく手伝ってくれている人にとっては、現在《げんざい》、幸福の科学が、立宗《りっしゅう》から三十一年もたって、外国にまで広がり、これほど大きくなったのは、とてもうれしく、名誉《めいよ》なことでしょう。私も、そのように思います。

一方、初期のころには、あとから来た人と入れ替《か》えたりすると、立腹したり、「愛がなくなった」と思ったりする人もいました。なかには、物を贈《おく》っても、そ

●**愛の発展段階説**　「愛」と「悟り」を架橋《かきょう》し融合する、幸福の科学のオリジナルな教え。「愛する愛」「生かす愛」「許す愛」「存在の愛」等、愛には発展段階があり、それぞれ五次元善人界、六次元光明《こうみょう》界、七次元菩薩《ぼさつ》界、八次元如来《にょらい》界の悟りと対応する。『太陽の法』(幸福の科学出版刊)等参照。

のまま送り返されてきたこともあったので、「そこまで単純に考えるのか。オール・オア・ナッシング（すべてか無か）で考えるのだな」と思ったこともあります。仕事のレベルでは、そのように考えるのは、なかなか難しいことだと思うのですが、そういうこともありました。

3 「愛《あい》すること」「信《しん》じること」で「人生学のプロ」になろう

人生のあちこちに出てくる〝公案《こうあん》〟を一つひとつ乗り越《こ》えよ

また、「男女の愛《あい》」についても、夫婦《ふうふ》生活が何十年も続《つづ》いていけば、その間には、いろいろなドラマがあるものです。たとえ、二人の関係《かんけい》がうまくいっていても、子供《こども》や第三者が絡《から》んでくると判断《はんだん》が割《わ》れたり、家庭内で法律《ほうりつ》に触《ふ》れるような出来事が起きたりします。

あるいは、ドラマ「ウチの夫《おっと》は仕事ができない」ではありませんが、「仕事ができて頼《たよ》りになると思っていた夫は、実は仕事ができなかった」という現実《げんじつ》に直面することもあるかもしれません。「結婚《けっこん》した二十代のときは、『うちの夫は格好《かっこう》よくて、エリートなのよ！』と自慢《じまん》していたのに、三十歳《さい》を過《す》ぎたら、本当は仕事ができないと分かってしまった」といったこともありえるわけです。これも恐《おそ》ろしいところでしょう。

さらに、結婚しても夫婦共《とも》に仕事を続ける場合、妻《つま》のほうが、仕事でどんどん進んでいき、見識《けんしき》が高くなることもあります。そうなると、夫のほうが鬱屈《うっくつ》して反抗期《はんこうき》の子供のような態度《たいど》を取ったりし始めるので、ここも難《むずか》しいところです。

妻も一人の人間なので、天職《てんしょく》を得《え》て仕事に就《つ》いたならば、「認《みと》められたい」、「世間《せけん》でお役に立ちたい」と思うでしょう。ところが、そうすると、夫のほうが

●「ウチの夫は仕事ができない」　2017年に日本テレビ系で放送されたドラマ。妻に〝お荷物社員〟であることを隠《かく》していた主人公が、妻の妊娠《にんしん》をきっかけに、妻と協力して「仕事ができる夫」になるべく奮闘《ふんとう》するという内容。

だんだん非行《ひこう》少年のようになってしまうわけです。

要《よう》するに、「妻が仕事ができなければ夫婦でいられるのに、仕事をガンガン進めていくと夫婦でいられなくなる」ということでしょうから、これはつらいだろうと思います。

ただ、こうした〝公案《こうあん》〟は、人生のあちこちに出てくるはずなので、それを、一つひとつ乗り越《こ》えていかなければいけません。

宗教《しゅうきょう》を学ぶ意味の一つは「人生学のプロ」になること

そのなかには、解決《かいけつ》できるものも数多くありますが、やはり、解決できないものもあるわけです。また、解決の際《さい》に、何かを取って、何かを捨《す》てなければいけない場合もあるかもしれません。これは、非常《ひじょう》につらいことだと思います。

しかし、「愛の問題集」においては、さまざまなトラブルも、ある程度《ていど》予定されている面はあるのです。「すべての人間にそれを勉強してもらいたい」ということで、男女が創《つく》られました。そして、必然的《ひつぜん》に、問題集に出合うことになっているわけです。

ただ、数多くの問題解決に立ち向かっているうちに、最初《さいしょ》のころの純粋《じゅんすい》な愛とは、少し違《ちが》ったものになっていくこともあるでしょう。

例《たと》えば、映画《えいが》「さらば青春、されど青春。」（製作総指揮《せいさくそうしき》・大川隆法。二〇一八年初夏公開予定）の主題歌である「眠《ねむ》れぬ夜を超《こ》えて」（作詞《さくし》・作曲 大川隆法）には、結婚できずに苦しむ主人公たちの悶々《もんもん》とした気持ちが表れています。そのように、「どうして一緒《いっしょ》になれないのか」という苦しみもあれば、一緒になったあとに生じる苦しみもあるのです。こうした問題と、そのつど、対決していかなければ解決はできません。

ただし、どこかで、全部を解決するのは無理《むり》だと気づく場合もあるでしょう。

そのときに考えてほしいのは、「人生において宗教《しゅうきょう》を学ぶことの意味」です。それは、「人生学におけるプロフェッショナルになろう。ほかの人たちの、いろいろな人生問題に答えられる自分になろう」と決意したということでもあると思うのです。これもまた、宗教に辿《たど》り着いた目的《もくてき》の一つなのではないでしょうか。

そして、「他の人の人生問題に導《みちび》きを与《あた》えられる自分」になりたいのであれば、「自分自身が打ち当たった問題をどのように乗り越えていくか、過ぎ越していくか」が大事になってくるのです。

奇跡《きせき》が臨《のぞ》まなくとも「信じる心」を持ち続《つづ》けよ

そうしたなかで、奇跡《きせき》が自分に臨《のぞ》むこともあるでしょう。実際に病気が治《なお》るという奇跡が起こることもあります。しかし、そうした「選《えら》ばれた者」であっても、その後、また病気になって亡《な》くなったりもするのです。例えば、十年前には奇跡が起きて病気が治ったのに、今回は治らないかもしれません。そのときに、「あなたは信仰《しんこう》を持ち続《つづ》けられますか?」ということが問われるわけです。

そもそも、奇跡的に病気が治ること自体、非常に恵《めぐ》まれたことであり、起きがたいことでもあります。ところが、そうした奇跡が連続《れんぞく》しなければ信じられないのであるならば、やはり、寂《さみ》しいものがあるのではないでしょうか。

『聖書《せいしょ》』には、イエス・キリストが、「すでに墓《はか》に葬《ほうむ》られたラザロを、その四日後に、包帯《ほうたい》でグルグル巻《ま》きになった姿《すがた》のまま墓から呼《よ》び起こして蘇《よみがえ》らせる」という奇跡を起こした話が載《の》っていますが、そのラザロも、いずれ、時が来たら死んでいます。この世において、永遠《えいえん》の命を持ち続けることはできないのです。

やはり、困難《こんなん》が数多く現《あらわ》れてくるなかで、奇跡だけに頼って生き抜《ぬ》けるわけではありません。「智慧《ちえ》」でもって迷《まよ》いを破《やぶ》っていかねばならないこともあるのです。

しかし、智慧にも限界《げんかい》があって、どうにもならないこと、にっちもさっちも行かないことも出てくるでしょう。

そのときに知っておいてほしいのは、「この世というものは、もともと、パーフェクト（完全《かんぜん》）にはできていないのだ」ということです。この三次元の世界は、「日本にいる一億以上《おくいじょう》の人々、あるいは、世界七十億以上の人々が、全員、思ったとおりの自己《じこ》実現を完璧《かんぺき》にできる」というようにはできていないのです。

例えば、あの世の世界では、それぞれの人が、それぞれの次元で、似《に》たような人たちと生活しています。ただ、それだけでは人生経験《けいけん》が不足《ふそく》してくるため、この世（地上）に生まれて、さまざまな世界から来た人たちと出会い、自分の人生を磨《みが》き上げるわけです。人間は、それを目標《もくひょう》として、この世に生まれ変《か》わってくるのです。

ところが、この世に生まれてみると、いろいろなことがあります。あの世においては自分のほうがはるかに〝偉《えら》い立場〟にあり、「天使」として他の人を指導《しどう》していたとしても、地上においては、その指導していた相手が、自分よりも十年、二十年早く生まれていて、会社の上司《じょうし》や学校の先生になっている場合もあるのです。

あるいは、自分の将来《しょうらい》を決めるような立場に立っていることすらあるでしょう。就職《しゅうしょく》を決める面接《めんせつ》の際に、「光の天使、二十二歳」が、前に座《すわ》っている「悪魔憑《あくまつ》き、四十歳」に、「生意気《なまいき》だ！　こいつは、わが社には向かん！」などと言われて落とされるかもしれません。

少しでもこの世を神の国へ近づける「無限《むげん》の未来《みらい》への挑戦《ちょうせん》」を

これが、この世の世界であり、不条理《ふじょうり》さもあって、なかなか思ったようにはいかないものなのです。

しかし、そういう世界でありながら、少しでもこの世の常識を「神の国の常識」に近づけていかなくてはなりません。それが、私たちの伝道《でんどう》活動の意味です。

いろいろなことを取ってみても、この世とぶつかるものは数多くあるでしょう。ただ、この世でつくった法律やこの世の制度《せいど》だけで、全部がうまくいくとは思えないのです。それらは、「最悪のものを止める力」にはなるかもしれませんが、「最善《さいぜん》のものを選び出しているかどうか」は分からないところがあります。

私たちの伝道活動は、いつも、限《かぎ》りない限りない努力《どりょく》のなかにある、「無限《むげん》の未来《みらい》への挑戦《ちょうせん》」でもあるのです。

4　そして、「許《ゆる》す愛《あい》」で憎《にく》しみを超《こ》える

「行為《こうい》」を憎んでも、その人の「本質《ほんしつ》」は憎まない

したがって、愛《あい》に関《かん》しても、「自分は、どのような愛というものを、この世で

自覚《じかく》し、認識《にんしき》し、理解《りかい》したか」ということは、非常《ひじょう》に大きなことだと思います。

愛一つを取っても、それほど難《むずか》しいのです。

先ほど「生かす愛」についても述《の》べましたが、幸福の科学では、「許《ゆる》す愛」という教えも説《と》いています。ただ、「人を許す」ということもまた難しいことです。「愛すること」も難しいけれども、「許すこと」は、もっと難しいのです。

「私はあなたを愛しています」と言ってくれる人は、この世では、それほどいません。心のなかでそう思っていても、なかなか言わないものです。ましてや、「私はあなたを許します」と言ってくれることは、めったにあるものではありません。よほど宗教的《しゅうきょうてき》な境地《きょうち》にずっといられる人は言えるかもしれませんが、日常生活をしながら、家庭や学校、職場《しょくば》において、「私はあなたを許します」というようなことを言える人は、それほどいるものではないのです。

特《とく》に、仕事にかかわる場合には、もちろん、「間違《まちが》いがあったら、絶対《ぜったい》に許してはいけない」という感じで追及《ついきゅう》しなくてはいけませんし、「赤字は絶対に許してはいけない。黒字でなくてはいけない」と思ったりします。それは当然《とうぜん》のことではあるのです。

しかし、仕事におけるミスやトラブルなどについて、「いけない」ということを指摘《してき》したり教えたりする場合、その人がやった結果《けっか》、失敗《しっぱい》したり間違ったりしたことに対して、「それを正そうと思って言うことと、その人を憎《にく》むこととは、同じではない」のです。それを知らなければいけません。

「行為《こうい》」を憎んでも、その人の「本質《ほんしつ》」は憎まない。そういう気持ちをつくれるでしょうか。これは難しいことです。けっこう難しいのです。

行為があれば、必《かなら》ず結果が出ます。何かをした場合には、何らかの結果が出ます。「その結果を見て、あなたは、その人を憎まないでいられますか」ということが問われるのです。

例《たと》えば、「自分の進路を邪魔《じゃま》する」、「自分の仕事を邪魔する」、「自分の恋路《こいじ》を邪魔する」という場合に、あなたは、その人を憎まずにいられるでしょうか。これは、なかなか難しいことです。やはり憎んでしまうものです。本能《ほんのう》的に憎んでしまうこともありますし、それを当然のことだと思っている人たちもいます。

他国を憎むことをはっきりと教育する国々

本章のもとになった二〇一七年の「御生誕祭《ごせいたんさい》」での私の法話《ほうわ》は、世界各地《かくち》に中《ちゅう》継《けい》されたので、それを韓国《かんこく》で観《み》た方もいるわけですが、実は、北朝鮮《きたちょうせん》にも当会の会員が何十人かいるのだそうです。どうやって会員になるのか、私もそのルートが分からないのですが、北朝鮮にも、何十人か会員がいるようです。

その人たちが、「御生誕祭」での私の法話を、どうやって観たり聴《き》いたりするのかは分かりません。隠《かく》れて何かに映《うつ》したりして観るのか、何らかのかたちで音が聞こえるのか、別《べつ》ルートで入ってくるのか知りませんが、当会の信者《しんじゃ》が、いることはいるらしいのです。

その人たちにも述べたいのですが、韓半島、朝鮮半島の人たちは、「憎む」ということを当然のことのように教わっている面があります。

ロシアの映画監督《えいがかんとく》が、北朝鮮に入国し、当局の許可《きょか》を得《え》て、向こうの演出《えんしゅつ》の下《もと》に北朝鮮の〝実情《じつじょう》〟を撮影《さつえい》したドキュメンタリー映画があります（注。二〇一五年製作《せいさく》の映画「太陽の下《した》で――真実の北朝鮮――」。日本では二〇一七年に公開）。

その監督は、実は、本来は撮《と》ってはいけないところ（当局者が出演者たちに「やらせ」の指示《しじ》を出しているところ）についても、カメラのスイッチをオンの状態《じょうたい》にして、密《ひそ》かに撮影していました。そして、検閲《けんえつ》によってフィルムが没収《ぼっしゅう》されないように、それを隠してロシアに持ち帰り、上映したのです。

その映画を観ると、北朝鮮の一般市民《いっぱんしみん》たちの〝無表情《むひょうじょう》〟なところがすごく特徴《とくちょう》的です。表情がなく、誰《だれ》も笑《わら》いません。表情のない人たちが動いているのです。何か指示を出されたときにだけ、そのとおりにするのですが、それ以外《いがい》のときには表情がないのです。

「これは全体主義《しゅぎ》の特徴だ」というようなことを、そのロシアの監督は言っていました。

ついこの前まで共産主義《きょうさん》の本家《ほんけ》だったのはソ連《れん》ですが、今の北朝鮮は、共産主義体制《たいせい》とほとんど同じです。

その映画で描《えが》かれていましたが、北朝鮮の小学校では、先生が、「日本人と地《じ》主《ぬし》が私たちをこのようにしたのだ。だから、私たちは日本人と地主階級を憎まなくてはいけないのだ」ということを、一生懸命《いっしょうけんめい》に教えていました。

それから、「アメリカや韓国が私たちの国を侵略《しんりゃく》しようとしている。これを憎め」とも言っていました。そして、「彼らのせいで朝鮮戦争《せんそう》があったのだ」というようなことを教えていたのです。

しかし、実際《じっさい》には〝逆《ぎゃく》〟です。「北朝鮮のほうから韓国に攻撃《こうげき》があり、北朝鮮軍《ぐん》は朝鮮半島の南端《なんたん》あたりまで押《お》し寄《よ》せたものの、国連軍がそれを押し返した」というのが実態です。そのあと、「三十八度線」を挟《はさ》んで休戦状態になりましたが、今、また、戦争の匂《にお》いが立ち込《こ》めてきているところです。

北朝鮮では、そういうかたちで、「憎む」ということを、はっきりと教えています。

それから、大統領《だいとうりょう》を罷免《ひめん》された韓国の朴槿惠《パククネ》さんは、在任《ざいにん》中、大統領の身でありながら、「千年間、日本、日帝《にってい》への恨《うら》みは忘《わす》れない」という趣旨《しゅし》のことを言いました。

これは、日本では想像《そうぞう》しにくいことです。日本の総理大臣《そうりだいじん》が、もし、どこかの外国に対して、「この無礼《ぶれい》は、千年間許さない」と言ったら、おそらく、「人間ではない」というような報道《ほうどう》をされ、「こんな立場の人がそんなことを言ってよいのか」と言われると思いますが、韓国では、そういうことを普通《ふつう》に言えているわけです。しかし、その憎しみに、もうどこかでストップをかけないと、発展《はってん》しません。

敵《てき》をつくることによって、自分たちのやっていることの正当性を出そうとするところが数多くありますが、それは、歴史《れきし》的に見ても非常に〝幼稚《ようち》な手段《しゅだん》〟だと思うのです。

ナチスが、ユダヤ人を敵視《てきし》することによって自分たちの行動を正当化していこうとしたように、「何か敵をつくることで、自分たちを正当化し、合理化する」というのは幼稚だと、私は思っています。

やはり、「憎しみ」は、「愛《あい》」によって乗り越《こ》えなければいけないのです。

「愛」の反対にあるのは、「憎しみ」のもとにある「嫉妬心《しっとしん》」

「愛の反対は憎しみである」という考え方がありますが、私には、むしろ、愛の反対にあるのは、「憎しみのもとにある嫉妬心《しっとしん》」ではないかという気持ちもあります。嫉妬する気持ちが、どうしても、人を押しのけようとしたり、貶《おとし》めようとしたりする気持ちになってくるのです。

これも、私の若《わか》いころの悟《さと》りの一つではあるのです。私も、競争心《きょうそうしん》や優越感《ゆうえつ》、劣等感《れっとう》を、いろいろと経験《けいけん》してきましたが、「劣等感を持ち、嫉妬心を持って、特定の誰か、優《すぐ》れた人や脚光《きゃっこう》を浴《あ》びている人などをうらやんだところで、自分はちっとも幸福になれない」ということは、若いころの悟りとしてありました。

そこで、自分にはできないようなことを、サッとやってのけるような方々を見たら、むしろ、「すごいですね。素晴《すば》らしいですね」という気持ちを持つように努力《どりょく》していったところ、人生観《かん》は変《か》わってきました。

そういう人に対して嫉妬し、敵視すると、向こうもこちらを敵視してくるので、顔を合わせられないような状態になるのですが、逆に、相手を「いい人だ」と思っていると、それがどこかから人づてに伝《つた》わっていき、相手は友達《ともだち》になってくれます。そうすると、優秀《ゆうしゅう》な人の仲間《なかま》に入っていけて、自分にプラスになることが多く、相手のほうも、人柄《ひとがら》がもう一段大きくなってくるところがあるのです。

5 世界に必要《ひつよう》なものは「神の愛《あい》」

国民《こくみん》を幸福にしようとするのが「政治家《せいじか》の愛」であるべき

今、世界に必要《ひつよう》なものは「愛《あい》」です。

「愛の反対は憎《にく》しみ」と思うこともあるけれども、憎しみだけではなくて「嫉《しっ》妬《と》もある」のです。嫉妬によって競争《きょうそう》が起き、「他を憎んでいる」という現象《げんしょう》が起きているなら、やはり、それは正すべきだと思うのです。

例《たと》えば、北朝鮮《きたちょうせん》の核《かく》開発やミサイル発射《はっしゃ》が問題になっています。アメリカと対等になろうとして、一生懸命《いっしょうけんめい》やっているのは分かりますが、北朝鮮は、大勢《おおぜい》の国《こく》民《みん》が、表情《ひょうじょう》をつくることもできず、言われたとおりのことしかできない、完全《かんぜん》な全体主義《しゅぎ》の共産《きょうさん》主義国家です。

デモクラシー（民主主義）の国家は、人間を「目的《もくてき》」とします。「人間自身が目的であり、手段《しゅだん》ではない」のです。

一方、全体主義国家においては、人間は「手段」なのです。大勢の人間を使って何かをやろうとしているのが全体主義国家です。

デモクラシー、民主主義の国家においては、そうではありません。人間にとって、最終的《さいしゅう》には、「自分がどう幸福になるか。どういう自己《じこ》実現ができるか。自由を得《え》て、どう成長《せいちょう》できるか」ということが大事であり、それを目指すものが本物なのです。

そういう観点《かんてん》で見ると、両者は対等に論《ろん》じられるようなものではないのではないかと思います。

そういう意味では、どこの国も「防衛《ぼうえい》のため」などと称《しょう》したりし、愛国心を煽《あお》ってはいますが、「それは国民が幸福になる体制《たいせい》なのかどうか」ということのチェックは要《い》るだろうと思うのです。

中国の習近平《しゅうきんぺい》国家主席《しゅせき》は、香港《ホンコン》に行って演説《えんぜつ》し、「一国二制度を維持《いじ》する」と言いつつ、「ただし、権力《けんりょく》に対する反抗《はんこう》は許《ゆる》さない」というようなことを言いました（二〇一七年六月二十九日）。

しかし、私の二〇一一年五月二十二日の香港での講演《こうえん》を聴《き》いた人たちは、習主席の言うことを素直《すなお》にはきかないだろうと思います。

やはり、国民には、「自分たちの幸福を追求《ついきゅう》する権利《けんり》」があるはずです。

国民を幸福にしようとするのが「政治家《せいじか》の愛」なのではないでしょうか。

日本においてもそうですが、「政治家が、自己愛に夢中《むちゅう》になっているか、自分の仲間《なかま》への愛に夢中になりすぎているのではないか」という気持ちは私にもあります。「本当に、多くの国民を隅々《すみずみ》まで愛していますか。そうであるならば、もう少し違《ちが》う観点から物事を考えたほうがよいのではな

2011年5月22日、フィリピン・香港巡錫において開催された講演会“The Fact and The Truth”（「事実」と「真実」）のなかで、「香港がリーダーとなって中国を啓蒙すべきである」と訴えた（九龍湾国際展貿センター／香港、九龍）。
（右）『大川隆法 フィリピン・香港 巡錫の軌跡』（幸福の科学出版刊）

いでしょうか」と言いたいのです。

日々の言葉や行動のなかに「神の愛」を

最終的には、やはり、「神の愛がなかったら、何もないのだ。ナッシングなのだ」ということを知ってほしいと思います。

「人間の言葉や行動、行為《こうい》であっても、愛を表す言葉や行動のなかに、あるいは、その結果《けっか》のなかに、神の愛がなかったら、値打《ねう》ちはないのだ。ナッシングなのだ」ということを知っていただきたいのです。

どうか、「神の愛とは何か」ということを常《つね》に考えながら、日々の生活を正し、日々、自分の心境《しんきょう》を深め、行為を積《つ》み重ねていけるようなみなさんになっていただきたいと思います。

そして、「イエスが『主《しゅ》よ』と呼《よ》んだ人と、ムハンマドが『神よ』と呼んだ人は、同じ人なのだ」ということを私は言いたいし、それから、「（キリスト教徒《きょうと》やイスラム教徒の）敵《てき》にもなっているユダヤ教徒が『エローヒム』と呼んだ存在《そんざい》も、それと同じ人なのだ」ということを言いたいのです。

そうした存在が、今、「エル・カンターレ」という名を冠《かん》して地上に生まれてきています。

私に残《のこ》された時間はそう多くはないかもしれませんが、最後までこの法《ほう》を完成させたいと願《ねが》っています。

みなさんと共《とも》に、まだまだ精進《しょうじん》を続《つづ》けていきたいと思います。

相手の心性《しんせい》の善《ぜん》なるを信《しん》じて解《と》き放つのが愛《あい》。

まず、「与《あた》える愛《あい》」から始めていきなさい。
日々の努力目標《どりょくもくひょう》を、まず、与える愛に置《お》きなさい。
あなたは人々に対して、社会に対して、
いったいいかなる愛を与えることができるのでしょうか。

愛とは恵《めぐ》みです。
それも、善《よ》き恵みであり、他人を生かしていこうとする力です。

縁《えん》あって人生の途上《とじょう》で出会った人々に、
生きていく勇気《ゆうき》を与え、力を与え、希望《きぼう》を与えること、それが愛です。

こうしてみると、愛とは仏《ほとけ》の心そのものであることに気づきます。
仏の心とは、万象万物《ばんしょうばんぶつ》を生かし、はぐくみ、調和させんとする心です。
すべてを成長《せいちょう》させんとする念《おも》いです。

「与える愛から始めていこう」と決意したとき、
その心は、仏の心と同質《どうしつ》の光を帯《お》びているのです。
他を生かさんとする心の芽生《めば》えは、
すでに仏の子として慈悲心《じひしん》が生じてきたということなのです。

愛のなかにも、「奪《うば》う愛」という名の執着《しゅうちゃく》の愛もあれば、
「与える愛」という名の、利己心《りこしん》と自己保存欲《ほぞんよく》を捨《す》てた愛もあります。

相手を奪い取り、相手の心をがんじがらめにするための、
トリモチのような愛は、与える愛とは言わないのです。
金銭《きんせん》や物品を幾《いく》ら湯水《ゆみず》のごとく注ぎ込《こ》んだところで、
それが相手をとりこにし、
かごのなかの鳥にする目的《もくてき》をもってなされたものであるならば、
それは、与える愛ではなく奪う愛であり、執着の愛なのです。

ほんとうの愛は、
無私《むし》の愛であり、無償《むしょう》の愛であり、見返りを求《もと》めない愛であり、
相手を自由に伸《の》び伸びと生かしめる愛です。
相手を縛《しば》るのが愛ではありません。
相手の心性《しんせい》の善《ぜん》なるを信《しん》じて解《と》き放つのが愛なのです。

第3章

未来《みらい》への扉《とびら》

The Gate to the Future

人生三万日を世界のために使って生きる

1　人生の早い時期に目覚《めざ》め、志《こころざし》を立てよう

〝私の一生は三万日〟という視点《してん》で人生を見つめてみると

本章では、人間としての人生のあり方について述《の》べていきたいと思います。

本章のもとになった法話《ほうわ》は、成人《せいじん》の日（二〇一七年一月九日）に行《おこな》ったものですが、今、二十歳《はたち》の人は、人生というものをかなり先まで、長くあるように思っていることでしょう。

十歳《さい》のころから二十歳になるまでは、ずいぶん時間がかかったように感じたでしょうし、私自身もそのように感じました。

そして、二十歳から三十歳ぐらいまでは、もう、無我夢中《むがむちゅう》だろうと思います。

社会人として一人前になるために、一生懸命《いっしょうけんめい》に取り組まなければいけないことがたくさんあるでしょう。社会的には、怒《おこ》られながら仕事を学んでいく時期であり、個人的《こじん》にも、いろいろと新しい経験《けいけん》が積《つ》み重なって、恥《はじ》をかくことも多く、そのなかから何をつかみ取って立ち上がるかということを考えなければいけないころです。

また、三十歳あたりを境《さかい》にして、結婚《けっこん》する人も増《ふ》えてきますが、結婚後は、時間というものが坂道を転げ落ちるように速く進んでいき、あっという間に、世間《せけん》で「定年」といわれる年齢《ねんれい》まで行ってしまいます。本当に、一生懸命にいろいろなことをして、「忙《いそが》しい、忙しい。自分の時間をつくれないな。どうしたらつくれるかな」などと思っているうちに、いつの間にか、「あのう、もうそろそろ終わりなんですけど……」というような感じになります。たいていの人は、そういう経験をするでしょう。

今、私と同じぐらいの年代の人の多くは、だいたい〝終着駅〟が近づいた状態《じょうたい》にいます。

しかし、〝終着駅〟は〝始発駅〟だと思い、また頑張《がんば》る人も一部にはいます。それは心掛《こころが》け次第《しだい》なのです。そのように、人生がまだ残《のこ》されていることもあります。

私の著書《ちょしょ》『伝道《でんどう》の法』（「法シリーズ」二十三作目、幸福の科学出版刊《しゅっぱんかん》）にも書いたように、今世《こんぜ》生きている時間は、おおよそ「三万日」ぐらいあればよいほうだと思わなければいけません。

六十歳前後の人であれば、二万日はとうに消化しているので、あと一万日あるかどうかということになってきます。そのように、一日一日というものは、毎日毎日、砂《すな》時計の砂粒《すなつぶ》が一粒一粒落ちていくような感

『伝道の法』
（幸福の科学出版刊）

じなのです。

ただ、こういうことを言っても、二十歳ぐらいの人にはまだよく分からないかもしれません。「時間は湯水《ゆみず》のようにあって、使い放題だ」と思っているような人もたくさんいるでしょう。さらに、十代の人であれば、もっと長い未来《みらい》があると思っているでしょう。

しかし、現実《げんじつ》は、今述べたとおりなのです。何事も成就《じょうじゅ》することなく、あっという間に「人生の終わり」が近づいてくる。そうした現実が、後半生に現《あらわ》れてくることに同意する年輩《ねんぱい》の人も多いでしょう。

ですから、「早いうちに目覚《めざ》める」ということは、とても大事なことなのです。


まず志《こころざし》を立て、志に向かって自分自身を説得《せっとく》していく

そこで、成人を迎《むか》えたばかりの人には、ぜひとも、新しい発心《ほっしん》をしてほしいと

思います。決して遅《おそ》くはありません。早すぎもしませんが、遅くもないでしょう。今、志《こころざし》を立て、それをし続《つづ》けるということは、決して簡単《かんたん》なことではないはずです。

そのためには、やはり、自分にとって「天職《てんしょく》」と言えるものに目覚めなければいけません。そして、それは何かということが分かるまでに、さまざまな勉強をしたり、運動をしたり、文化活動をしたり、友達《ともだち》と付《つ》き合ったり、あるいは、多様な価値観《かちかん》と出合ったり、あちこちの国に行ったりするなどして、自分自身を発見するための旅が始まります。

そのなかで、単に、「日々を過《す》ごしている」とか、「仕事をしている」とか、「家族を養《やしな》っている」とかいうようなレベルから、もう一段《いちだん》、「今世、この世に命を享《う》けたということの意味を感じられるような天職」に出合えるかどうか。これが、若《わか》い人たちにとって非常《ひじょう》に大事なことであろうと思います。

「一生続けて全《まっと》うしたい」と思うような仕事に辿《たど》り着くのは、なかなか簡単なことではありません。多くの人々は、その前に、数限《かぎ》りない無駄足《むだあし》を踏《ふ》み、試行《しこう》錯誤《さくご》を繰《く》り返すことになるだろうと思います。

これは他人事《ひとごと》ではなく、私も二十歳のころを思い返すと、「これから四十年間、こういう仕事をしてもらいますからね」と言われたとしたら、やはり、「いやあ、それはないでしょう」と言っていたのではないかという気がします。

もっとも、分からないからよいこともあるのですが、しなければいけないことは、どんどん増えていくわけです。

私が三十一歳になる直前のころに説《と》いた講演《こうえん》（一九八七年第二回講演会「愛《あい》の原理」。前掲《ぜんけい》『幸福の原理』所収《しょしゅう》）では、「最初《さいしょ》は宗教改革《しゅうきょうかいかく》。十年ぐらいはそれをやります。それからあとは、政治《せいじ》改革や教育改革、芸術《げいじゅつ》・文化の改革等、いろいろなことを起こしていきます」ということを述べました。そして、そのとおりに今、現実にそういうことを行《おこな》っていますが、これらはそれほど簡単に口で言えるようなものではなく、本当に大変《たいへん》なことなのです。

若い人たちも、今、「これからしなければならないことは、これだけありますよ」と言われても、信《しん》じることはできないかもしれませんが、まず、「志」を立ててください。志を持ち、「こういうふうに自己《じこ》実現をしていきたい。自分の目《もく》標《ひょう》を持っていたい」ということを思ってください。

次には、「その志に向かって、自分自身を説得《せっとく》していくこと」が大事だと思うのです。

やがて、「何ゆえに、その志を成《な》し遂《と》げる必要《ひつよう》があるのか」と自問自答しながら、現実の世界とぶつかりつつ、その壁《かべ》を破《やぶ》っていかなければならないときが来るでしょう。

人口一億《おく》人を超《こ》える日本で頭角《とうかく》を現《あらわ》すことの大変《たいへん》さ

日本だけでも、一億《おく》二千数百万人の人間が住んでいます。人口が減《へ》りつつあるとは言っても、一億人を超《こ》える人間がいるのです。そのなかで頭角《とうかく》を現《あらわ》すというのは大変《たいへん》なことです。それほど簡単にいくようなものではないでしょう。

今、幸福の科学も、芸能関係《げいのうかんけい》の仕事を始めていますし、いろいろな映画《えいが》やドラマなどに出ている人もいますが、大変な競争《きょうそう》があります。なかなか、簡単に道は開けません。

すでに活躍《かつやく》しているスターのような人々だけを見て、「いいなあ。あんなふうになれたらいいなあ」と思う人は多いかもしれませんが、プロとしてその道で生きていける人は、一万人に一人もいるかどうかなのです。さらに、どこにでも出演していて、誰《だれ》もがよく知っているような人になると、百万人に一人ぐらいの厳《きび》しさになるのではないでしょうか。ですから、それほど簡単なことではないのです。

スターを目指して努力《どりょく》をしている人も、たいていは、アルバイト生活をしながら、次から次へとオーディションを受け続け、そのなかで、五十回受けて一つ通るとか、百回受けて一つ通るとかといった生活をしています。

こうしたことは、芸能界だけではありません。小説家志望《しょうせつかしぼう》の人々などでも、そういうところがあります。

例《たと》えば、コンビニエンスストアで働《はたら》いた体験をもとに小説を書き、芥川賞《あくたがわしょう》をもらった人がいます。文学賞を取っても、まだ働いているようですが、出版社のほうからも、「仕事は辞《や》めないでください」と言われたそうです。現実はそのくらいの厳しさがあります。一般《いっぱん》に、小説を書いて初《はじ》めて賞をもらったぐらいでは食べていけないというのはそのとおりであり、二作、三作と書けるかどうか、プロになれるかどうかということはまだ分からず、単に、登竜門《とうりゅうもん》をくぐっただけの段階なのです。

昔なら、地方出身か都会の生まれかを問わず、小学校から真面目《まじめ》に勉強を続けるうちにだんだん学力を上げ、エリート校へ進学し、学歴《がくれき》をつけていけば、まず間違《まちが》いのない成功《せいこう》の道に入れると思っていた人が多かったかもしれません。

しかし、今は、残念《ざんねん》ながら、厳しい現実があるのではないでしょうか。

二〇〇〇年代の小泉政権《こいずみせいけん》のころは、まだ、「勝ち組」「負け組」という言葉がよく使われていましたが、今では、もはや「勝ち組」「負け組」などという言葉は使われない時代に入っています。

つまり、「勝ち組」がいなくなったのです。そういう人はほとんどいないのです。「勝ち組」などと言われると、すぐに〝撃《う》ち落とされて〟しまう時代に入っていて、「もう勝ち組はいない」という状態になっています。普通《ふつう》か、それよりも下に引き下げていく力がグーッとかかっているため、「普通以下《いか》」ということであれば、世間で大きな顔をして歩けるようになるというような、そういう時代になりつつあります。これは、大変なことです。

2 「未来《みらい》を見通す力」を持つ幸福の科学

幸福の科学立宗《りっしゅう》三十余年《よねん》の歩みと今後の展望《てんぼう》

一九九〇年当時はバブル期が終わった時期ですが、あのころの日本の国際競争《こくさいきょうそう》力《りょく》は世界一でした。幸福の科学は立宗《りっしゅう》四年目に入っていて、機嫌《きげん》よくやっていたころだったと思います。

世間《せけん》では「バブル崩壊《ほうかい》」というものが起きてきたのですが、当会はそのことをまったく気にもせず、「行け行けゴーゴー」で活動していました。そして、「世間ではバブルが崩壊して大変《たいへん》なことを分かっているのだろうか」という感じのことをいろいろな週刊誌《しゅうかんし》から言われ始めたのが、九〇年代の前半なのです。

私は、「それはよそ様の話であって、幸福の科学はこれから始めていくところなので、前途洋々《ぜんとようよう》です」と、気にせずにやっていましたが、新聞の一面と当会の動きとの乖離《かいり》があまりに激《はげ》しすぎたこともあってか、だんだんに睨《にら》まれるようになっていったのです。

一九九一年から九五年までの五年間には、東京ドームを使って講演会《こうえんかい》をしていたのですが、あまりに激しい嫉妬《しっと》の嵐《あらし》と邪教《じゃきょう》の跋扈《ばっこ》を見るにつけ、多少の責任《せきにん》を感じないわけでもありませんでした。そこで、外部を刺激《しげき》しすぎないような大人の態度《たいど》で、ある程度《ていど》時間を稼《かせ》ぎ、基礎《きそ》を固《かた》めなければいけないと思うようになったわけです。

特《とく》に、一九九五年はオウム事件《じけん》（地下鉄サリン事件など）が起きた年でもありました。

当時、私たちは、「あれはよその宗教だ。当会には関係《かんけい》ない。むしろ、事件を解決《かいけつ》するために当会は努力《どりょく》した」ということを主張《しゅちょう》してはいたのですが、世間では、「宗教はすべて、よいか悪いか、そのどちらかだ」という感じで、すべて一緒《いっしょ》の扱《あつか》いだったのです。

そういうことであれば、当会にも多少の責任がないわけでもないでしょうから、「もう少し静《しず》かめにいかなければいけないかな」と考えて、活動の仕方を変《か》えていきました。一般《いっぱん》に向けての大きな講演会を減《へ》らす一方で、幸福の科学の精舎《しょうじゃ》や支部《しぶ》などを全国に展開《てんかい》していったり、内部のストックとして、人材《じんざい》をつくったり、教育ソフトをつくったり、伝道《でんどう》ソフトをつくったりするようなことを十年ほど続《つづ》け、当会の力をやや低《ひく》く見せながら活動しました。

その後は、もう一度リバウンドをし、また国内伝道を激しくするようになり、海外伝道も進め、さらに、政治《せいじ》活動を立ち上げ、教育活動も活発化するようになっています。十年ほど時間を置《お》いて静かに力を溜《た》めてから、再《ふた》び外に向けての活動を始めたわけですが、その間に、競合していた多くのものは姿《すがた》を消していきました。そういう意味では、これも智慧《ちえ》の一つだったとは思います。

世の中、一本の〝電車道《みち》〟のように勝ち進むというのは、それほど簡単《かんたん》なことではありません。意外に、世間で評判《ひょうばん》になっているときには、実は苦しいことが多く、世間で静かに扱われているときには、実は前進していることが多いのです。

このあたりの加減《かげん》はとても難《むずか》しいところです。

おそらく、みなさんの仕事においても、同じようなことはあるのではないでしょうか。

とても華《はな》やかに活躍《かつやく》しているように見えているときは、意外に敵《てき》がたくさんでき、周《まわ》りから白い目で見られていることもあります。会社の羽振《はぶ》りが非常《ひじょう》によく、内部では大いに満足《まんぞく》していたとしても、敵が外から次第《しだい》しだいに忍《しの》び寄《よ》ってきたり、その業界の環境《かんきょう》が悪化を辿《たど》ったりするような事態が待っている場合もあります。

このように、正反対になることもかなり多いので、十分に用心していなければならないのではないかと思います。

幸福の科学は、二〇一七年で立宗三十一年を迎《むか》えました。この間、「三十年もたてば市民権《しみんけん》がだいぶ出てくるだろう」と思い、耐《た》えるべきは耐え、忍ぶべきは忍び、積《つ》み上げるものは積み上げて、一定の時間を置きながら、ただただやり抜《ぬ》くことを目指してきたのです。

しかし、世界全体を見回すと、私たちが必要《ひつよう》とされている仕事はまだまだたくさんあり、残念《ざんねん》ながら、今のままの力では及《およ》ばないと感じられるところが多々あります。

そのようなわけで、今、もう一段《いちだん》、エンジンをふかさなければいけないときが来たと思っています。

二〇一七年は、久《ひさ》しぶりに東京ドームでの講演会も行いました（八月二日開催《かいさい》、法話《ほうわ》「人類《じんるい》の選択《せんたく》」。本書第6章）。

そろそろ本気で取り組まなければいけないと思っています。力をセーブするのも大変なのです。セーブしているうちに年を取るので、これではいけません。やはり、体を鍛《きた》えなければ、やがて朽《く》ちていき、衰《おとろ》えてくるのですが、それでは大変でしょう。

要するに、力が弱ってからでは少々遅《おそ》いので、そろそろスパートをかけなければ、本来の使命が果《は》たせないと思っています。

時間をかけて「信者《しんじゃ》」になってくださる方々をつくる

二〇一七年は、『伝道の法』（前掲《ぜんけい》）という本を発刊しました。題名を見るかぎりは、ベストセラーになるような本ではないでしょう。実際にそう思っている人も多いかもしれませんが、それをするところが幸福の科学なのです。やはり、「こんな本が、あまり売れるわけはないじゃないですか。これでは他の人に勧《すす》められないじゃないですか」というのが、普通《ふつう》の反応《はんのう》です。それはそうでしょう。そのとおりだと思います。ただ、それをなすのが幸福の科学なのです。

ベストセラーになりそうなものをベストセラーにするのは誰《だれ》にでもできることかもしれませんが、ベストセラーになりそうにないものをそのようにするのが、当会のすべきことであると考えています。

したがって、『伝道の法』という本を出し、これを、またベストヒットにするつもりです。

当会で出版《しゅっぱん》している本は、すでに二十六年ぐらいベストセラーが続き、他の出版社にはまことに申し訳《わけ》ないと思っています。「ああいうふうにベストセラーが毎年出るようなシステムは、どうやったらつくれるんだ?」ということで、悔《くや》しくてしかたがないところもあるかもしれません。

一般の本というのは、その本が気に入られることもあれば気に入られないこともあるし、「この作者が好《す》きだ」ということはあっても、作品によっては嫌《いや》がられることもあるので、なかなか“信者《しんじゃ》”のようにはいかないものです。

当会の信者のみなさまのように、“踏《ふ》まれても蹴《け》られても立ち上がってくるような人間”は、なかなかつくれないのです。こういう人たちをつくるのには三十年かかります。これは、正月の餅《もち》つきと同じようなもので、粒《つぶ》だったものをこねて餅にするまでには、少々時間がかかるのです。それほど簡単に、インスタントにはいかないもので、順風《じゅんぷう》も逆風《ぎゃくふう》もいろいろと経験《けいけん》し、幸福も不幸《ふこう》も経験しないと、なかなか「信者」などできるものではありません。

マスコミに対しても、当会が堂々《どうどう》と論陣《ろんじん》を張《は》れるのは、そのように、すでに粒々《つぶつぶ》が消えた〝餅〟のようになった信者の方々が頑張《がんば》ってくださっているからなのです。本当に感謝《かんしゃ》しています。実にさまざまなことがあった三十年余《あま》りですが、よくついてきてくださったと思っています。

私が若《わか》く、エイジレスに見えるのはなぜか

かつては私と同じぐらい若《わか》かった方々も、今では私よりはるかに年を取ったような姿になられているのをあちらこちらでお見受けし、どなたか識別《しきべつ》できないケースもなきにしもあらずです。それほどまでに頑張ってくださったのかと、涙《なみだ》を流さなければいけないと思うような感動の日々が続いています。

他人《ひと》のことは言えませんが、信者の方々も、ずいぶん、おじさん、おばさんになってきました。ただ、私のほうが少しだけ若く見えるのではないでしょうか。それは、やはり〝気持ちの問題〟です。「今はまだ〝折《お》り返し地点〟だ」と思っているからです。箱根《はこね》駅伝ではありませんが、先へ行った分と同じ長さの道をまた帰ってこなければいけないと思っているので、それほど簡単には終われないのです。それどころか、「これからがいよいよ本番だ」と思っています。

教団《きょうだん》が小さいうちは、威張《いば》ったようなことを言っても、世の中はあまり相手にしてくれません。「何か変なことを言っているなあ」と思われて、それで終わってしまいます。ところが、一定以上《いじょう》広がってきて、世間《せけん》が認《みと》めるようになると、かなり厳《きび》しいことを言っても、今度は、怒《おこ》るどころか、真面目《まじめ》に聞いてくれるというようなことがあるのです。

まことに不思議《ふしぎ》なのですが、それだけの時間に耐《た》え、実績《じっせき》を積《つ》み上げていかなければ、世間というのは、それほど簡単には信用してくれないということです。

経済《けいざい》・政治《せいじ》ともに乱高下《らんこうげ》が予測《よそく》される

本章のもとになったパシフィコ横浜《よこはま》での講演会、および全国衛星中継《えいせいちゅうけい》の開催告知《こくち》を、事前に新聞広告等で出したところ、それを気にした人もいたようです。

講演会前日の朝には、「何か生霊《いきりょう》のようなものが来ている気がするな。正月の朝から、これは何だろう？」と思ったら、安倍《あべ》首相の生霊でした。その次には稲田朋美防衛大臣《いなだともみぼうえいだいじん》（当時）の生霊も来て、「明日《あした》の講演会では、どうか、私たちを怒らないでください」と言っていました。彼らの依頼《いらい》はそういうことだったのです。

前年末《まつ》の講演会で、政権《せいけん》の問題点についてかなりガンガンに言ったことがだいぶこたえたようだったのですが（二〇一六年十二月七日法話「真理への道」。『繁《はん》栄《えい》への決断《けつだん》』〔幸福の科学出版刊〕所収《しょしゅう》）、ここではあまり深入りしません。

彼らも頑張っているのは、私も知っているのです。年末や正月にゴルフをするようなことは、私にはとてもではありませんが、〝頑張り切れない〟でしょう。そのようなことをすれば信者から見放されてしまうので、恐《おそ》ろしくてできません。餅つきぐらいならよいかもしれませんが、茅ヶ崎《ちがさき》でゴルフをして体力を鍛え、ロシアへ行くなどというようなことは、私にはとても考えることができません。世の中には、体力のある人もいるものだなあと思います。

それはともかく、読者のなかには、私に、国家レベル、マクロの観点《かんてん》から、「こうだから、こうせよ」というようなことを言ってほしい人もいるかもしれません。

例《たと》えば、「トランプ相場というのは、どうなるのですか。何円まで上がりますか。いつごろまで上がって、いつごろから下がって、どうなりますか。はっきりとチャートを示《しめ》してくれればボロ儲《もう》けできますよ。そうしたら、半分ぐらいなら寄付《きふ》してもいいですよ」などという感じで儲けたい人は、たくさんいるのではないでしょうか。

ただ、そういうことは言ってはいけないことになっています。〝ズル〟になるため、そのようなことはしてはいけないでしょう。

あえて言えば、二〇一七年以降《いこう》は相場が上がったり下がったりと乱高下《らんこうげ》するでしょう。ですから、儲かる人は儲かり、損《そん》をする人は損をします。ずっとやり続けている人は、やはり損をします。ですから、よく考えて、どうしてもしたいと思う人はしてもよいけれども、ずっと勝ち続けるのは難しいでしょう。そのように、「上がるときには上がるが、下がるときには下がる」のです。

そのような経済《けいざい》における状況《じょうきょう》と同じようなことが、政治《せいじ》においても言えるでしょう。いい感じが出るときと、カターッと落ちるときと、「危《あぶ》ない！　危機《きき》が来るかな」と思うときと、「意外にうまくいったな」と思うようなときとが、いろいろと起きてくるのではないでしょうか。

幸福実現党《じつげんとう》の強みは「先が見える」こと

幸福実現党《じつげんとう》においては、〝安定した勢力《せいりょく》〟を維持《いじ》しているので、それほど大きな変化はないかもしれませんが、とにかく〝内野安打《ないやあんだ》〟を狙《ねら》って打ち続けるのみであり、スルーすることを狙って、どこかから穴《あな》を開《あ》けたいところです。ここについても、もうそろそろピッチを上げていかなければいけないころではないかと思っています。

とはいえ、その影響力《えいきょうりょく》は着実に増《ま》しつつあります。

例えば、二〇一六年十二月には、幸福実現党の副《ふく》党首（当時・神武桜子《じんむさくらこ》）と幸福の科学の国際広報《こうほう》局長（当時・武川一広《たけがわかずひろ》）が、ロシアまで行って国際会議に臨《のぞ》みました（日露《にちろ》国交回復《かいふく》六十周年《しゅうねん》・日露フォーラム。モスクワ国際関係大学で開催)。向こうは、他の日本人よりも、実質上《じっしつじょう》、上席《じょうせき》のほうに「幸福実現党」を据《す》えていたのです。

そこで、神武副党首が、「日本までシベリア鉄道を延伸《えんしん》して経済交流を進めましょう」というような政策《せいさく》を堂々と述《の》べると、向こうも「うん! それはいい」などと言っていました。

また、ロシア側《がわ》からは、「北朝鮮《きたちょうせん》の核《かく》に関しては、ロシアと日本は協力《きょうりょく》できる」と、当会が発信しているものをすでに聞いているかのような発言がありました。

このように、情報網《じょうほうもう》というのはすごいのです。アメリカの民主党だけがロシアの情報機関にいろいろとスパイされているなどというようなことはなく、幸福の科学が日本語で発信したものでも、現実には、即日《そくじつ》のうちにいろいろなところへ行っており、その影響力は、日本のマスコミが思っているよりもはるかに〝強いところ〟まで届《とど》いています。今や、〝世界の心臓部《しんぞうぶ》〟まで届いているので、信者の方々は、この点について自信を持ってください。当会の行《おこな》っていることが、世界的な影響力を持ちつつあるということです。

安倍首相が、「共和党《きょうわとう》のトランプ大統領《だいとうりょう》とどうすればルートをつくれるか」というようなことを一生懸命《いっしょうけんめい》に探《さが》していた段階で、当会はすでに、現地でトランプ候補《こうほ》を応援《おうえん》していたレベルなのです。

ちなみに、安倍首相よりも先にトランプ・タワーへ入ったのは、私なのです。二〇一六年十月二日にアメリカで講演会を行いましたが（『大川隆法 ニューヨーク巡錫《じゅんしゃく》の軌跡《きせき》 自由、正義《せいぎ》、そして幸福』〔幸福の科学出版刊〕参照《さんしょう》）、そのときにトランプ・タワーにも行きましたので、こちらのほうがよほど先に入っています。これを「先見性《せんけんせい》」と言うのです。お分かりでしょうか。

「先が見える」ということは、とても大事なことなのです。事業をするにしても、国家の運営《うんえい》をするにしても、教育事業をするにしても、大事なことだと言えます。特に、多くの人々を養《やしな》っている人、いわゆる経営者にとっては大事なことであり、国際関係のいろいろな見方、大きな流れ、方向性などを見誤《みあやま》ると、大変なことが来るのです。

「一事《いちじ》を全体に引き寄《よ》せて考える」ことの愚《ぐ》

聞くところによると、〝ある国のある政府《せいふ》〟などは、「金曜日は午後三時には仕事をやめて遊びに出よう」というようなことを言っているそうです。どこの国であるかはよく分からないのですけれども、「金曜日の三時以降は、もう遊びましょう。有り金《あがね》をはたいて、とにかく消費《しょうひ》してくれれば、景気《けいき》はよくなり、みんなハッピーになります」というような政策を取っている国もあるそうです。よくは知りませんが、〝地球儀《ちきゅうぎ》上のどこかの国〟のようです。

さらに、「カジノなどを誘致《ゆうち》するので、家族で遊んでほしい」などと言っているようです。非常に怖《こわ》いことです。本当にゾクッときます。

それは、先ほど述べた、一九九〇年の日本が国際競争力で世界一位《い》だったときにも、多くの人々が、「これからはリサーチ・アンド・リゾートの時代だ。もう、リゾートをつくって、どんなことをして遊べるかを考えなければいけないころだ」と言っていましたし、ソニーの盛田昭夫《もりたあきお》氏などは、アメリカやヨーロッパを回って、「日本人は欧米《おうべい》よりも働《はたら》きすぎている。これからは遊ばなければ駄目《だめ》なんだ。働きすぎだ！」と考え、休暇《きゅうか》を取ることを勧めていましたけれども、大《だい》没落《ぼつらく》が始まったのは、そのあとのことです。このときと同じような匂《にお》いを、また感じています。

日本は、今、これほど停滞《ていたい》していて、「このままでは危ないな」と思っているのに、またぞろ、「遊びのほうへシフトし、みなさんは、消費をして浮《う》かれてください。〝浮かれ景気〟で行きましょう」というような音頭《おんど》を取る人が出てき始めたので、「これはまた、困《こま》るなあ。怖いなあ」と思っています。

最近《さいきん》、休みがやや多すぎるような感じがしませんか。これは私だけの偏見《へんけん》でしょうか。

幸福の科学としては、世間が土・日・月と三連休《れんきゅう》になるのはとても〝ありがたいこと〟であり、私も働く機会が増《ふ》えて、たいへんありがたく思っています。ただ、世間の会社勤《づと》めの人々などは、何だか仕事が減っているということはないでしょうか。そんな気がしてしかたがありません。

アメリカよりも祝日《しゅくじつ》が多いというのは、ちょっと困るのではありませんか。これで、本当に大丈夫《だいじょうぶ》でしょうか。私はとても心配です。もう少し働かなければいけないのではないでしょうか。

某《ぼう》大手広告代理店で「過労死《かろうし》した人が一人出た」ということが社会問題となり、それ以降、「もう働くのはやめよう。過労死しないようにしよう」といった声が強くなっていますが、行きすぎると、無職《むしょく》の人や浪人《ろうにん》などがゴロゴロとたくさん出てくるようになりかねません。

ですから、もう少しよく考えて、バランスを持って見る必要があります。一つのことを全体に引き寄《よ》せて考えるのは、やめたほうがよいのです。

バランスを欠《か》くマスコミ情報《じょうほう》を、どう見て、どう判断《はんだん》するか

バランスの取れた見方ということで、一つ気をつけておくべきこととしては、マスコミの人々の一部、もしくは半分以上かもしれませんが、小さなものを取り上げて大きくし、大きなものは小さくする傾向《けいこう》があるところです。力があるものや大きな影響力のあるものは小さな記事にし、小さなことは大きく取り上げる癖《くせ》があるので、気をつけなければいけません。

例えば、「北陸《ほくりく》でシカが多く出現するようになった」というようなことでもニ

ユースになりましたし、「ツキノワグマが温泉街《おんせんがい》に現《あらわ》れた」ということでもニュースになるのです。また、パンダがよだれを垂《た》らしている写真が取り上げられたときには、『「パンダ学」入門』（幸福の科学出版刊）という本を出している私の家内《ない》（大川紫央《しお》）も、「ああ、パンダになると、よだれを垂らしただけでもニュースになる。大したものだ」などと言って喜《よろこ》んでいました。

ただ、そういうことはいろいろな新聞によく取り上げられたりするのに、肝心《かんじん》なことは取り上げられない場合が多いのです。

そして、取り上げられないうちに、さまざまなものが静かに進んでいき、事態が大きくなったときに、突如《とつじょ》として表に出てくるようなことがよくあるので、初《はじ》めのうちは見落としてしまいがちです。

それは、「小さなことを大きく取り上げると珍《めずら》しく見える」ということもあるのでしょうし、「大きなものを取り扱うと、世間と同調、あるいは追随《ついずい》しているようにしか見えない」ということもあるのでしょうが、もう少し気をつけて見ていってほしいものです。

いずれにせよ、〝某国の某政府〟の経済政策や政治政策、外交政策等については、もはやそれほど言うべきことはないというか、言ってもしかたがないと思うレベルにまで達《たっ》しているので、折々《おりおり》に少しずつ述べるつもりではありますが、すでに、根本的には解決がつかない状態になっています。〝彼ら〟の理解力がなかなか及ばないように思われるので、それはしかたがありません。「すべてのものは、やがて過《す》ぎ去っていくものである」と考えています。

もちろん、今後も、必要なときには述べるつもりですが、まず、私たち自身でできるところからやっていくしかないと考えています。

一人ひとりの人生に残《のこ》されている時間があと何日あるかは分かりませんが、そのなかで、一日一日を大事にしていかなければいけません。

「人生三万日」などと言われますが、それはあっという間のことなのです。本当にあっという間に過ぎていきますので、できるだけ人類にとってプラスになる方向に、あるいは、次の時代の人々にとってプラスになる方向に、何か一歩でも前に進めていくこと、自分の人生のなかで一日一日刻《きざ》んでいくことが、非常に大事であると思います。

3　未来《みらい》への扉《とびら》を開く鍵《かぎ》

「個人《こじん》や全体を堕落《だらく》させる方向に導《みちび》く思想や理論《りろん》」に乗るな

さて、本章で掲《かか》げた「未来《みらい》への扉《とびら》」を開いていくために心掛《こころが》けなければならないこととは何でしょうか。

それは、大きなかたちで行われるマクロの政策《せいさく》、あるいは「大きな政府《せいふ》」が行うような政策等に頼《たよ》ろうとする気持ちはあまり持たないほうがよいということです。結果《けっか》的には楽になるところも多少はあるのかもしれませんが、国民《こくみん》の最低賃金《さいていちんぎん》を政府が上げなければいけないような国は、ろくな国ではありません。これでは駄目《だめ》です。すでに「自由が死んだ国」に入っています。資本主義《しほんしゅぎ》の精神《せいしん》は死にかかっているし、民主主義も、もはや輝《かがや》きを失《うしな》いつつある時代に入っていると見たほうがよいでしょう。

大衆《たいしゅう》民主主義というのは、「基本《きほん》的人権《じんけん》を護《まも》れる」といったところがいちばんよい点であるかとは思うのですが、「その基本的人権を護ろうとしているうちに、次第《しだい》に全体が貧《まず》しくなりつつある」という流れには、なかなか歯止めがかからない状態《じょうたい》になっています。

今は、日銀のマイナス金利《きんり》から始まって、預金《よきん》をしてもほとんど利息が付《つ》かないという「超低金利《ちょう》の時代」になっています。ですから、お金を貯《た》めれば、自然《しぜん》にそれが雪だるま式に大きくなってお金持ちになったり、あるいは、投資力が出てきて大きな事業ができたりするような時代でないことは確《たし》かです。

ただ、ここで述《の》べておきたいのは、お金に利子が付かないからといって、どんどん消費《しょうひ》さえすればよい時代ではないということです。やはり、個人《こじん》個人で「それは必要《ひつよう》なものであるかどうか」をよく見極《みきわ》めなければなりません。それを、ただただ個人でもお金を使う、会社でも使うというように、消費を促《うなが》す〝音頭取《おんど》り〟に踊《おど》らされることばかりをしていると、本当に最期《さいご》になりかねないのです。

この国は、民進党《みんしんとう》であれ、自民党であれ、次第しだいに、「北欧型福祉国家《ほくおうがたふくし》」のほうへと流れていっています。しかし、日本がまねをしてもよいような国家がどこにあるのでしょうか。ノーベル賞《しょう》を出せるのはよいのかもしれませんが、日本が目指すような国ではありません。

今、日本が目指すべき方向は何でしょうか。やはり、もう一段《いちだん》、国際競争力《こくさいきょうそうりょく》をつけ、教育力をつけ、さらには政治《せいじ》的オピニオン（意見）や経済《けいざい》的オピニオンを出し、世界を引っ張《ぱ》っていく力を持つ国となることが望《のぞ》まれていると思います。どうか、個人としても全体としても、堕落《だらく》になるような方向には向かわないように、よくよく考えてください。

銀行預金に付く利息が少なく、ほとんどないような状況《じょうきょう》であったとしても、無《む》駄金《だがね》をたくさん使い、ばら撒《ま》いてもよいというようなものでは、断《だん》じてありません。そのことは知っておいたほうがよいと思います。たとえ、マイナス金利で、預金利息までマイナスになったとしても、丸ごとすべて使ってしまうよりはましなのです。それは〝保管料《ほかんりょう》〟だと思って、セコムやＡＬＳＯＫ《アルソック》の代わりに銀行で預《あず》かってもらっていると考えれば、「まあ、多少の手数料は出してもしかたがないかな」と思えるかもしれません。

やはり、無駄金を使うほどバカなことはないものです。しっかりと働《はたら》いて得《え》た貴重《きちょう》なお金は、自分の将来《しょうらい》や、あるいは世の中の未来にとって、本当に大事なもののために、重点を絞《しぼ》って使っていくような傾向性《けいこうせい》を持ち続《つづ》けることを、どうか忘《わす》れないでください。これが、一点、述べておかなければいけないところです。

要するに、「人々を堕落させたり、あるいは世界を堕落させたりする方向に導《みちび》いていくような思想には、簡単《かんたん》に乗ってはいけない」ということを、まず述べておきます。

家庭でも仕事でも「一生を貫《つらぬ》くような粘《ねば》り強さ」で努力《どりょく》をする

それから、もう一つ、述べておかなければいけないことがあります。

今後、いろいろな国に脚光《きゃっこう》が当たっていき、そのなかから大国が出てくるように見えるかもしれませんが、それはそれとして、日本という国において大事なのは、「粘《ねば》り続ける力」を持つことです。

ここ二十年から二十五年ほど、日本は、じわじわと引き潮《しお》が続いているような感じではありますけれども、これを変《か》えるのに特別《とくべつ》な才能《さいのう》や発見などが必要なわけではなく、今一度《ひとたび》、「粘り抜《ぬ》く力」を身につけることが大事なのです。国民各《かく》位《い》が、もう一《ひと》粘り、二《ふた》粘り、「粘り続ける力」を持つ必要があるのではないでしょうか。

ところが、怖《こわ》くなってやめてしまう人がたくさんいるのです。

一九九〇年の段階でも、「まもなく日本が世界一の経済大国になりそうな予兆《よちょう》があったために、怖くなって退転《たいてん》した」というように私は見ていました。そのとき日本は、やはり、粘り続け、実際に世界のリーダーになっていくだけのいろいろな目標《もくひょう》を立て、もう一段、国を進化させるべきであったと思っています。そのビジョンを見せられる人がいなかったということが大きかったのではないでしょうか。

実際に、今、日本がアメリカより少ない労働《ろうどう》日数や労働時間になって、だんだんに置《お》いていかれつつあることを悔《く》やんでいるというのはおかしなことなので、国民はもう少し努力《どりょく》してよき習慣《しゅうかん》をつくり、それでもってよい仕事をしていくように考えてほしいと思います。

これは才能よりも「熱意《ねつい》」の問題ですし、その熱意は「努力」に裏打《うらう》ちされなければ意味がありませんし、その努力は「よい習慣」を新しくつくり上げていくかたちで、必《かなら》ず自分自身を後押《あとお》しするものでなければならないでしょう。そして、その結果、一生を通して貫《つらぬ》くような、一生を打ち抜いていくような「粘り強さ」で、よい仕事をすることが大事です。

もちろん、収入《しゅうにゅう》を生むような現在《げんざい》の仕事も大事にしてください。あるいは、家庭のなかでも、粘着力《ねんちゃくりょく》を持って努力を続けていくことを考えてみてください。

また、幸福の科学の信者《しんじゃ》の方であれば、会内においてさまざまな活動を展開《てんかい》していますので、こちらへの参加《さんか》ということもありますが、ただ、おそらく、全部が全部というわけにはいかないでしょう。

それでも、せっかくの連休《れんきゅう》や年末年始《ねんまつねんし》などにも、当会の行事等を優先《ゆうせん》して参加してくださるような真面目《まじめ》な信者の方には、少しでもよくなってほしいので、熱心に勉強をするなかで、ぜひとも、一生を貫くものを持ってほしいと思っています。

4　あなたの未来《みらい》、死んだあとはどうなるのか？

人は死んでも、あの世がある

宗教《しゅうきょう》の伝道《でんどう》というものは、会社のセールスや営業《えいぎょう》のような仕事に近い面もあるのかもしれませんが、そういうものだと諦《あきら》めたら、そこで終わりなのです。宗教における「伝道の仕事」とは、物を売りつけてお金をもらう仕事ではありません。そのようなものではなく、もっともっと深い、人生の叡智《えいち》を伴《ともな》うものなのです。

これについて、『伝道の法《ほう》』（前掲《ぜんけい》）においては、さまざまな角度から述《の》べているため、そのすべてをすぐに理解することは難《むずか》しいかもしれませんが、ここで簡《かん》単《たん》に述べたいと思います。

今の日本の文化土壌《どじょう》としては、例《たと》えば、教育や社会、あるいはマスコミの風潮《ふうちょう》などによって見れば、基本《きほん》的に、「唯物論《ゆいぶつろん》的無神論《むしんろん》」もしくは「不可知論《ふかちろん》」のような、「何も分からない」という世界に持っていかれることが多いでしょう。

しかし、その結果《けっか》はどうなるのでしょうか。

人は、〝人生三万日〟が終わったあと、この世を去ります。その後に関《かん》し、インテリといわれる人のおそらく半分以上《いじょう》は、「人間機械説《きかいせつ》」のようになっていて、「この世がすべて」と思っていることが多いのではないでしょうか。「心などというものはなく、すべては脳《のう》の作用だ。脳が考えたり判断《はんだん》したりしているだけであり、脳が壊《こわ》れたら、もう何もできなくなる。だから、〝植物状態《じょうたい》〟になれば、死んでいるのと同じだ」というように考える人は多いと思いますが、どっこい、それは、絶対《ぜったい》に間違《まちが》っているのです。

この世で死んだあとには、あの世があるのです。それは本当にあるのです。間違いなくあることを、百パーセント保証《ほしょう》します。

もし、死んでからあの世がなかったら、私に抗議《こうぎ》しに来てください。そうすれば、あの世があることを教えてあげましょう。

人は死んでも、あの世での生があります。たとえ、唯物論教育を受け、「神仏《しんぶつ》などいない。天使も菩薩《ぼさつ》もいない。死んだら終わりだ」などと思っているような無神論の人々にも、死んだらあの世はあります。

天国・地獄《じごく》を知れば、ライフスタイルが変《か》わる

あの世に還《かえ》ると、そのままストンと地獄《じごく》に堕《お》ちる人もいます。そこは、他の人に悪い影響《えいきょう》を与《あた》え、間違った方向へと導《みちび》いた人々が行くところです。そこにはさまざまな種類《しゅるい》の地獄があります。もし必要《ひつよう》があれば、いくらでも、その種類について教えてあげましょう。

単に、自分自身が至《いた》らなかったために、あの世のことがよく分からなかったというような人は、まず〝中間場《じょう》〟へ行きます。どこへ行ったらよいかが分からないような人々は、とりあえず、この世とあの世の〝中間地帯《ちたい》〟のようなところにいるわけです。そして、「あの世などあるはずがない」「死んだから、肉体はもうなくなっているはずなのに、どうして私はいるのだろう？　私は誰《だれ》？　ここはどこ？　ここは何？」というような人が、そういう会場に集まっているのです。

郵便はがき

料金受取人払郵便

赤坂局
承認

9429

差出有効期間
平成31年2月
28日まで
(切手不要)

1078790

112

東京都港区赤坂2丁目10−14
幸福の科学出版(株)
愛読者アンケート係 行

フリガナ お名前	男・女	歳
ご住所 〒 都道府県		
お電話 ( ) −		
e-mail アドレス		
ご職業 ①会社員 ②会社役員 ③経営者 ④公務員 ⑤教員・研究者 ⑥自営業 ⑦主婦 ⑧学生 ⑨パート・アルバイト ⑩他 ( )		
今後、弊社の新刊案内などをお送りしてもよろしいですか? (はい・いいえ)		

愛読者プレゼント☆アンケート

『信仰の法』のご購読ありがとうございました。今後の参考とさせていただきますので、下記の質問にお答えください。抽選で幸福の科学出版の書籍・雑誌をプレゼント致します。(発表は発送をもってかえさせていただきます)

1 本書をどのようにお知りになりましたか？

①新聞広告を見て［新聞名：　　　　　　　　　　　　　　　　　］
②ネット広告を見て［ウェブサイト名：　　　　　　　　　　　　　］
③書店で見て　④ネット書店で見て　⑤幸福の科学出版のウェブサイト
⑥人に勧められて　⑦幸福の科学の小冊子　⑧月刊「ザ・リバティ」
⑨月刊「アー・ユー・ハッピー？」　⑩ラジオ番組「天使のモーニングコール」
⑪その他（　　　　　　　　　　　　　　　　　　　　　　　）

2 本書をお読みになったご感想をお書きください。

3 今後読みたいテーマなどがありましたら、お書きください。

ご感想を匿名にて広告等に掲載させていただくことがございます。ご記入いただきました個人情報については、同意なく他の目的で使用することはございません。

ご協力ありがとうございました。

そうした人々に説教《せっきょう》をしながら、あの世での行き先をだんだんに仕分けていく仕事をしている霊人《れいじん》がいるわけですが、納得《なっとく》して天国に行く人もいれば、地獄というところへ行って修行《しゅぎょう》をする人もいるのです。

これが、近い将来《しょうらい》か遠い将来かは人それぞれですが、確実《かくじつ》に、みなさん一人ひとりの未来《みらい》に待ち受けているものであり、みなさんの知り合いの未来に待ち受けているものなのです。

それを証明するために、私は、「霊言《れいげん》」や「リーディング」というものを行《おこな》っており、公開霊言を始めてからすでに七百回を超《こ》えました（二〇一七年十一月時点）。これは、それほど簡単にできることではないと、自分でも思います。一作や二作であれば創作《そうさく》できる人もいるかもしれませんが、七百回以上も「種類の違う霊言」をつくることなど、できるものではないのです。とてもではありませんが、つくれるものではありません。マンガであっても描《か》けないでしょう。描けないのは当然《とうぜん》です。それは、「真実だから、できている」からです。

あの世があることを教えるのは、非常《ひじょう》に大事なことであると言えます。あの世があると知っていることによって、そこから遡《さかのぼ》れば、この世での生き方（ライフスタイル）も決まるわけです。

もし、あの世があるならば、この世でどのように生きなければならないかをあらかじめ決められることになるし、その〝予習〟もできることになります。また、「死ぬまでの間、後悔《こうかい》しない生き方とは何か」という問いに対し、自分で答えが出せるということでもあるのです。

その結末《けつまつ》を知った人は、今から〝逆算《ぎゃくさん》〟し、「残《のこ》りの人生をどのように生きるべきか」ということを自分で決められるし、「他の迷《まよ》える人々を救《すく》う」こともできるわけです。

仏法真理《ぶっぽうしんり》の力で不成仏《ふじょうぶつ》の先祖《せんぞ》や縁者《えんじゃ》に「救《すく》いの道」が開ける

実際《じっさい》に、あの世で、死んだことも分からないまま五十年以上もたっているような人は、本当にたくさんいます。

例えば、先の大戦《たいせん》で亡《な》くなった人のなかには、死んだあと魂《たましい》となって靖国神《やすくに》社に集まったものの、それからどうしたらよいかが分からないまま、さまよっている人もいます。沖縄《おきなわ》から靖国神社まで来た。（フィリピンの）レイテから靖国神社まで来た。しかし、生前、あの世のことを聞いていなかったため、それから先はどうしたらよいかが分からず、その周辺《しゅうへん》を回っているのです。

神主《かんぬし》には、そうした人を成仏《じょうぶつ》させる力がないようです。困《こま》ったことではありますが、やはり、遺《のこ》された家族が悟《さと》りを持たなければ救《すく》えません。

そういう意味では、五十年も七十年もたっても、まだ迷っているような死者の魂は、その家族や身内のなかに真理を知った人が出てくることによって、本当に「救いの道」が開けるわけです。

多くの人々の魂《たましい》を救う伝道《でんどう》活動へ

「伝道《でんどう》への道」とは、多くの人々を救う道です。そして、この世における愛《あい》の実践《じっせん》や救済行《きゅうさいぎょう》を超え、真の意味において、多くの人々の魂《たましい》を救うという貴重《きちょう》な仕事になっています。

そのために、私たちは、この世的な活動も数多く行っていますが、「方便《ほうべん》」としてのあり方と、宗教として「実際にしなければならないこと」の違いは、よく知っています。幸福の科学から出されるさまざまな活動方針《ほうしん》についても、そのことを踏《ふ》まえて受け止めてくだされればと思います。

例えば、二〇一七年五月には、映画《えいが》「君のまなざし」（製作総指揮《せいさくそうしき》・大川隆法）

を公開しました。当会がこれまでに製作した映画のなかでは、おそらく最高傑作《さいこうけっさく》だと思います。

スピリチュアルな映画で、楽しみながら真理が分かるようになっているので、機会があれば鑑賞《かんしょう》してみてください。

最近の傾向《けいこう》として、映画は、日本で流行《はや》れば、海外でも非常に注目され、広がるということもよく分かっているため、このような真理伝道の映画を製作し、日本で多くの人々が観《み》て、さらに、海外でも観てもらえる機会になることを目指しています。

今、真実の世界を教えることによって、一人残らずよい方向へ、天上界《てんじょうかい》へと向かって再《さい》出発できるような時代にあります。現代《げんだい》に生きる人々は、「新しい希望《きぼう》の未来《みらい》への扉《とびら》が開くその瞬間《しゅんかん》に立ち会っている」ということを知り、ぜひとも、その「未来への扉」を自分自身の力で押《お》し開けてください。

富《とみ》について、よい信念《しんねん》を持っているか。

目の前に展開《てんかい》しているものについて、
「これは、自分が望《のぞ》み、願《ねが》っていたものである」ということに、
本人自身は気がついていないことが多いのです。

なぜかというと、心の奥底《おくそこ》（潜在意識《せんざいいしき》）では、
繰《く》り返し、それを思っているのに、
表面意識では違《ちが》うことを考えているため、
「自分が考えているものとは違う」というように見えるからです。

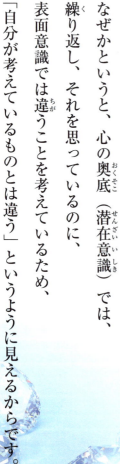

しかし、周囲《しゅうい》の人たちから見れば、

「あの人は、自分が思っているようになっただけなのではないか」

と思えることはよくあるのです。

「もっとお金儲《かねもう》けをしたい。お金持ちになりたい」
と口では言っていても、
ほかの人が観察《かんさつ》すると、そのようには見えない人も大勢《おおぜい》います。
「この人は、本当に、お金持ちになりたいのかな。
豊《ゆた》かになりたいのかな。
そのわりには、言っていることや、やっていることが、どうも違うような気がする」と感じられるのです。
お金持ちになりたいのであれば、富《とみ》を憎《にく》んではいけません。
「豊かになる」ということを憎んではいけないのです。
また、「成功《せいこう》する」ということを悪いことだと考えてはいけないのです。

口では「お金持ちになりたい」と言っていても、
心の奥底で成功を否定《ひてい》していると、あとで「言い訳《わけ》」ができるような、
何らかのつまずきが起きてしまい、結局《けっきょく》、お金持ちになれないのです。
例《たと》えば、「もう少しで事業が軌道《きどう》に乗る」というときに限《かぎ》って、

病気をしたり、事故《じこ》が起きたり、何らかの邪魔《じゃま》が入ったり、
ライバルが出てきたりして、うまくいかなくなる場合があります。
これは、事業が軌道に乗ることを心の奥底では願っていなかったのです。
思いが徹底《てってい》していないわけです。

信念《しんねん》が弱く、
「考えは現実《げんじつ》の力になるのだ」ということが
信じ切れていないのです。
このことは、そう簡単《かんたん》には分かり切らないため、
少しは思っても、強く信じることが、なかなかできないでいるのです。

第4章

「日本発世界宗教《しゅうきょう》」が地球を救《すく》う

The World Religion of Japanese Origin Will Save the Earth

この星から紛争《ふんそう》をなくすための国造《くにづく》りを

1　国家の基本《きほん》的精神《せいしん》は宗教《しゅうきょう》から来ている

今、「慈悲《じひ》と愛《あい》の時代」が到来《とうらい》している

本章では、私の著書《ちょしょ》「法《ほう》シリーズ」の十六作目である『救世《きゅうせい》の法』（幸福の科学出版刊《しゅっぱんかん》）をもとに、お話ししたいと思います。

同書を発刊した二〇一一年は、一九八一年に私が大悟《たいご》してから満《まん》三十周年《しゅうねん》、一九八六年に幸福の科学の活動がスタートしてから二十五周年、そして、一九九一年に宗教《しゅうきょう》法人として認証《にんしょう》されてから満二十周年という、一つの区切りの年でもありました。

『救世の法』
（幸福の科学出版刊）

そういう意味では、竹の節《ふし》のように一つの区切りをつけ、さらに次の節に向けて大きく伸《の》びていきたいものだと考えています。

その大悟三十周年の実感が、『救世の法』の「まえがき」に表れています。はっきり言えば、「まえがき」に「救世主宣言《せんげん》」が書いてあるわけです。

同書の「まえがき」には、「救世主は、仏陀滅後《ぶっだめつご》二千五百年を経《へ》て、この日本の地に再《ふたた》び姿《すがた》を現《あらわ》したのだ。これだけ法が説《と》かれて、肝心《かんじん》の日本人がまだ信《しん》ぜぬとは『情《なさ》けない』の一言《ひとこと》に尽《つ》きる。そしてこの『仏陀再誕《さいたん》』は、意味的に、『キリストの再臨《さいりん》』をも兼《か》ねている。地球の危機《きき》を救《すく》い、未来《みらい》の宇宙《うちゅう》時代を切り拓《ひら》きたいのだ。『慈悲《じひ》と愛《あい》の時代』が再び、その到来《とうらい》を宣言されたのだ」と書いてあります。

また、「あとがき」には、「いま、この日本から、新しい世界宗教が生まれようとしているのだ」という文章から始まり、最後《さいご》のほうには、「エル・カンターレは、（中略）もっと簡単《かんたん》に言えば、仏教、キリスト教、イスラム教などの生みの親である」と書いてあります。

さらっと書いてありますが、同書は、大悟三十周年を経た私の「静《しず》かな挑戦《ちょうせん》の書」でもあるということです。

宗教が否定《ひてい》される国家の繁栄《はんえい》は許《ゆる》されるか

宗教は世の中に数多くあるでしょうが、同書は、「私たちの拠《よ》って立つところ、目指しているところは何であるのか」ということを、極《きわ》めて明確《めいかく》に示《しめ》していると思います。この奥《おく》には、そうとうの覚悟《かくご》が秘《ひ》められているということでもあります。

そして、現在《げんざい》まで三十五年以上《いじょう》、さまざまなことを行《おこな》ってきましたが、「まだまだ、この国の『常識《じょうしき》』を根本的に覆《くつがえ》すまでには至《いた》っていない」というのが実感です。

幸福の科学は、そのなかの一部分として位置《いち》づけられ、存在《そんざい》が許《ゆる》されるというレベルで、まだとどまっているように感じられます。これを、もう一段《いちだん》、突《つ》き抜《ぬ》けていく必要《ひつよう》があると考えます。

根本的に私が問うていることは、「日本人というのは、本当に文明人なのか。本当に、高度に文化資本《しほん》を持っている人間なのか。この国の文化・文明は、本当に肯定《こうてい》されるべきものであり、未来が約束《やくそく》されているようなものであるのか」ということです。

はっきり言えば、「宗教を否定《ひてい》することを旨《むね》とするような論調《ろんちょう》がまかり通り、宗教を尊重《そんちょう》、尊敬《そんけい》しない国家が、このまま成長《せいちょう》・繁栄《はんえい》の道に入ることは許され続《つづ》けるのか」ということを問うているのです。

それは、どういうことかというと、「今の状態《じょうたい》は、動物たちの世の中と変《か》わらない」ということです。動物たちは、その日の糧《かて》が得《え》られ、自分たちの生命が存《そん》続《ぞく》できればよいかもしれません。

しかし、人間は、それだけでは十分ではないのです。目に見えない価値《かち》を感じ、そのなかに生きがいを見いだすことができなければ、やはり、人間としての存在根拠《こんきょ》は十分ではないと私は思います。そういうことを、私は繰《く》り返し述《の》べているのです。

「漂《ただよ》える国・日本」に精神的な背骨《せぼね》を通したい

外国で伝道《でんどう》をするにつけても、この日本の国の立っている地盤《じばん》の弱さというか、脆弱《ぜいじゃく》さというか、まるでぬかるみの上に立っているような足元の弱さを感じます。

精神的基盤《きばん》が弱く、とてもひ弱です。精神的なバックボーンがないのです。まさに、「漂《ただよ》える国」です。この島国は、海中の底深《そこふか》く、地球の奥にまでつながっているのか、それとも、海面に浮《う》かんでいるクラゲのように漂っているだけの国なのか、そういうことが本当に気にかかります。

さらに、精神的バックボーンのなさが、国の政治《せいじ》や外交をはじめ、さまざまなところに影響《えいきょう》を及《およ》ぼしています。教育においても、非常《ひじょう》に情けない価値観《かん》を子供《こども》たちに教え続けています。その反作用が、主として国公立学校における学級崩壊《ほうかい》や教育崩壊として表れ、そして、いじめ問題等へとつながっていっているように思えるのです。

国への尊敬を失《うしな》った大人たちによって育てられた子供たちが、本当の意味で生きがいを見いだし、やりがいを見いだし、未来に自信を持つということは、非常に難《むずか》しいのではないかと感じます。

私は、何度も繰り返し述べていますが、この日本という国に、一本、きちっと背骨《せぼね》を立てたいのです。背骨を通したいのです。このクラゲのような国に、背骨をきちんと入れたいのです。その背骨に当たるものは、国家としての基本的な精神です。

その基本的な精神はどこから来ているかと言うと、道徳《どうとく》から来ており、道徳のもとにあるものは宗教です。宗教は哲学《てつがく》の上に立つものなのです。

正論《せいろん》を言えないような国民《こくみん》に未来《みらい》はない

宗教がしっかりしていなければ、国というのは〝フニャフニャの状態〟になりますし、現にそうなっています。本当に混沌《こんとん》状態が続いているのが、現在の日本の姿であると思います。

「GDP（国内総生産《そうせいさん》）が、世界の第二位か、第三位か」などということは、どうでもよいのです。世界二百カ国近くのなかで、そのトップを争《あらそ》っているような国が、何らの精神的な価値観を発信することもできず、オピニオン（意見）を発信することもできず、世界に対するリーダーシップも持てないでいるような状《じょう》況《きょう》は、実に情けない状況です。そのことを、もっと知らなければならないと思います。

「世界に対して、国力相応《そうおう》の責任《せきにん》を負っていない」ということに対し、やはり、恥《は》ずかしいという気持ちを持たなければならないのではないでしょうか。私には、そういう気持ちが非常に強く湧《わ》いてきます。

今のように漂っているだけであってはなりません。今、やらなければならないことは、しっかりと〝精神棒《ぼう》を入れる〟ことです。この国に精神棒を入れなければいけないのです。

そのためには、宗教を軽く見て、嘲笑《あざわら》っている人たちに対し、ビシッと言い返せるようにならなければ駄目《だめ》なのです。

日本を、そのような国にしなければいけないと思います。正論《せいろん》を言えないような国民《こくみん》であっては駄目であり、そういう国民には未来《みらい》はないと私は考えます。

2　光を感じ、人生を立て直す瞬間《しゅんかん》を

霊的存在《れいてきそんざい》が肉体に宿って、地上で人生を送っている

『救世《きゅうせい》の法《ほう》』の第1章「宗教《しゅうきょう》のすすめ」には、「絶対《ぜったい》に外してはならない基本《きほん》的真理」について書かれています。それは、幸福の科学の信者《しんじゃ》にとっては当たり前すぎるほど、私が繰《く》り返し説《と》いていることです。

その一番目は、「人間の本質《ほんしつ》は霊的《れいてき》な存在《そんざい》であり、その霊的存在が肉体に宿り、地上で人生を送っているのだ」ということです。

この一点目の真理について、「小・中・高・大」の学校教育のなかではまったく教わりませんし、社会道徳《どうとく》のなかでも教わることはありません。むしろ、社会

善《ぜん》と考え、でエリートといわれる人たちは、その反対のことを言うことをもって、インテリの証明《しょうめい》であると考える傾向《けいこう》があります。

これは、とても残念《ざんねん》なことです。もちろん、「思想の自由」「言論《げんろん》の自由」「表《ひょう》現《げん》の自由」「出版《しゅっぱん》の自由」など、そういう自由があることは十分に承知《しょうち》していま す。いろいろな意見があってよいし、いろいろな表現があってよいし、いろいろな考えがあってもよいとは思いますが、「事実と、そうでないものを区別《くべつ》するだけの智慧《ちえ》がない」ということは、人間として恥《は》ずかしいことです。

どのような意見を述《の》べても自由ですが、そうは言っても、水素《すいそ》（Ｈ）と酸素《さんそ》（Ｏ）が結合《けつごう》したら、できるのは水（H_2O）であり、水素と酸素が結合して石油ができたりはしません。

いくら言論の自由があるからといって、「水素と酸素が結合したら石油ができる。それは言論の自由だ」と言うことがまかり通ると思っているならば、何かが欠《か》けていると言わざるをえないのです。

未知《みち》なる事柄《ことがら》については、意見が百出《ひゃくしゅつ》してもよいと思いますが、「水素と酸素が結合して水ができる」ということは、「H_2O」という化学式によってはっきりしています。その場合に、「水ではなくて油ができる」などと言い張《は》ることが「言論の自由」ではないと思います。

これが、私の言いたいことなのです。いろいろな意見があること自体は結構《けっこう》ですが、ただ、「真実」というものはあります。人生には「真実」というものがあるのです。

したがって、真実に反したことを教えたり、学んだり、真実に反した行動をしたりしている者には、その人生の途中《とちゅう》か、あるいは人生が終わったあとにおいて、それなりの反作用が来ます。

また、そういう個人《こじん》だけではなく、その人たちがつくっている組織《そしき》や社会、国、あるいは世界においても、それだけの反作用が起きてきます。そういうことを私は述べているのです。

あなたが死後に経験《けいけん》する「個人《こじん》としての最後《さいご》の審判《しんぱん》」とは

誰《だれ》が何と言おうとも、この三十五年以上《いじょう》、私自身が積《つ》み上げてきた探究実績《たんきゅうじっせき》から見て、この世を去った世界は百パーセント存在します。

あなたがたが、もし、「肉体が自分のすべてだ」と思っているなら、それは絶対に間違《まちが》っています。たとえ、いくら偏差値《へんさち》の高い大学の医学部を出た先生が、「人間は死んだら終わりだ」と言ったところで、間違っているものは間違っているのです。

人間としての尊厳《そんげん》から見て、「間違っているものは間違っている」と言い切らなければならないのです。それを知っていただきたいと思います。

「現《げん》にあるものは、ある」のです。これは、あと何年か何十年かしたら、誰もが確実《かくじつ》に体験《たいけん》することなので、どうか、私の言葉を覚《おぼ》えておいてください。

私の説いていることが、もし一点でも間違っていたならば、そのときには、霊となった姿《すがた》でどうぞ抗議《こうぎ》しに来てください。今まで、抗議に来た人など一人もいません。みな、あの世に還《かえ》ってから「大川総裁《そうさい》が説いていたとおりだった」と言っています。「あらかじめ知っておいてよかった」と言う人ばかりです。

もっとも、真理を知らなかった人は、どこへ行ったらよいかが分からない状態《じょうたい》なので、そもそも私のところへ来ることもできないでしょう。

ただ、「この世的な知性《ちせい》や知能《ちのう》、インテリジェンスが高い」とか、「地位《ちい》が高い」とか、「家柄がよい」とか、「名の通った会社である」とか、あるいは男女の差とか、そういうものはまったく通用しない世界があるということを知っていただきたいのです。

この世では、いろいろな経歴《けいれき》があり、いろいろな仕事をしていたでしょうが、いずれ、誰もが死を迎《むか》え、あの世へ旅立ちます。そのときに持って還れるものは、あなたがた自身の心しかないのです。そして、「その心が、正しい信仰心《しんこうしん》を持っているかどうか」ということが試《ため》されるのです。

つまり、「人生において、神仏《しんぶつ》に対する信仰を持った生き方をしたか。それとも、神仏への信仰を妨害《ぼうがい》せんとして活動している、地獄界《じごくかい》にうごめく悪魔《あくま》たちの価値観《かちかん》に翻弄《ほんろう》されて人生を生きたか」ということが、必《かなら》ず問われるようになるのです。それが、「個人《こじん》としての最後《さいご》の審判《しんぱん》」に当たる部分です。

それは、個人のみならず、組織や社会、国家においても当てはまります。要《よう》するに、「その組織や社会、国家における信仰心が、どのような色付《いろづ》けを持っているかによって、未来は、どのようにでも変《か》わっていく余地《よち》がある」と私は強く信じています。

海外と大きく違《ちが》う日本の宗教事情《しゅうきょうじじょう》

私は、同じ法を説いても、日本と海外では説き方が違《ちが》っています。それは、それぞれの国民《こくみん》の信仰心のレベルが違うからです。

もちろん、「日本ほど発展《はってん》していない国の人たちは、先進国である日本を尊敬《そんけい》する気持ちがあるため、日本人である私の話をよく聴《き》いてくれる」という面も一部にはあるかもしれません。しかし、そういう面を割《わ》り引いても、宗教心《しゅうきょうしん》のある国の、宗教的素養《そよう》のある国民の場合は、教えが素直《すなお》にサーッと浸透《しんとう》していきます。

例《たと》えば、アフリカのウガンダという国では、私の英語説法《えいごせっぽう》が、国営《こくえい》放送で毎週連続《れんぞく》して流れましたし、映画《えいが》「仏陀再誕《ぶっださいたん》」（製作総指揮《せいさくそうしき》・大川隆法。二〇〇九年公開）が流れたりもしました。

ネパールでも、国営放送で私の英語の説法が流れましたし、インドのムンバイでも、一部、ヒンディー語等の字幕《じまく》が入ったりしながら、私の講演《こうえん》が流れました。

日本のテレビ等では、ほとんどありえないことです。日本では、「宗教に関《かん》して肯定《こうてい》的に報道《ほうどう》したり、教義《きょうぎ》の流布《るふ》に協力《きょうりょく》したりするのは、倫理《りんり》に反すること
だ」と思われているのです（注。ただし、一部の地方テレビでは講演を放映し始めている）。

これはどういうことかと言うと、結局、思わず知らず、「宗教選択《せんたく》」がなされているということです。つまり、それは、「神仏の側《がわ》につくか、悪魔の側につくか」という選択であり、「神仏の側につかない」ということは、自動的に、「悪魔の側についている」ということになるわけです。

それは結局、「この世を地獄界に近づける努力《どりょく》をしている」ということにほかなりません。

これは学校教育においても同じです。例えば、日本の教育界では、記紀《きき》、すな

わち、『古事記《こじき》』や『日本書紀《にほんしょき》』等の古代の神話を否定《ひてい》して、教科書に載《の》せなかったりしますし、日本神道《しんとう》以外の宗教についても、考古学的な興味《きょうみ》・関心で載せることはあっても、その教えの内容《ないよう》には立ち入らないようにしています。

そのため、学校で教育を受けただけでは、普通《ふつう》に宗教心が芽生《めば》えることはありません。ミッションスクール等に通った人以外は、基本的に宗教心が芽生えないことになっているのです。

さらに、大学の宗教学科に行くと、もっと信仰心がなくなっていきます。日本の宗教学科では、宗教における信仰心の部分をまったく理解《りかい》せず、ただただ、フィールドワークのように、できるだけ主観を排除《はいじょ》して分析《ぶんせき》しているだけなのです。

それは、医学部で、人体を解剖《かいぼう》してバラバラにしているのと、ほとんど同じような状況《じょうきょう》です。「何が正しいのか」「何が善であり、何が悪であるのか」ということさえ分からない状況が続いており、大学の宗教学は、まったく無駄《むだ》な学問であると言わざるをえません。

人間は神仏《しんぶつ》の子であり、神仏の光の一部を宿した存在

そうした状況が当たり前のようになってしまった原因《げんいん》は、おそらく、先の大戦《たいせん》における敗戦《はいせん》の反動から、信仰心を否定する方向に大きく舵《かじ》を切ったことにあると思われます。しかし、そろそろ「悪夢《あくむ》」から目覚《めざ》めなければならないのではないでしょうか。

「真実の力」を取り戻《もど》さなければ、日本に生きていて、あなたがたの体に精神《せいしん》力《りょく》が宿り、力が湧《わ》いてくることはないだろうと思います。

「人間は神仏《しんぶつ》の子であり、神仏の心の一部、神仏の光の一部を宿している存在である」という人生観を持って生きるのと、「人間は偶然《ぐうぜん》に生まれた存在であり、ただの土くれや機械類《きかいるい》と同じようなものにすぎない」という人生観を持って生き

るのと、どちらがあなたがたの人生にとって素晴らしいかということを、よく考えていただきたいのです。

この世の中は、自分自身を「くだらない存在」にするほうの人生観を勧《すす》めています。これに対して、私は、すでに教育批判《ひはん》やマスコミ批判等を展開《てんかい》していますが、宗教界も、はっきり言って堕落《だらく》の極《きわ》みであると思います。宗教は日本に数多くありますが、そのほとんどは使命を果《は》たしていないと言わざるをえないのです。

特《とく》に、宗教のなかには、〝唯物論《ゆいぶつろん》的な信仰〟を弘《ひろ》めているところもたくさんあります。仏教などの古い宗教のなかには、そのような考え方をしているところもありますし、日本のキリスト教団《きょうだん》のなかにも、やはり、同じように左翼《さよく》的な活動に邁進《まいしん》しているようなところがあり、本当のことが分からなくなっている人たちが数多くいます。

おそらく、個人的に霊的体験のないことが、そういう状況を生んでいるのでしょう。しかし、個人的な体験があったかどうかは別にしても、人生の途上で、直感的に、「自分には、目に見える世界以外の尊《とうと》い力が宿っている」ということをまったく感じなかったとしたならば、それはやはり、その人自身の問題であると思います。

多くの人の助けを受けて生きる。あるいは、多くの人からの導《みちび》きを受けて生きる。ある人の言葉を受けて、人生を立て直す。そして、目に見えないところから自分を導いている光を感じる。

そういう「聖《せい》なる瞬間《しゅんかん》」というものを経験しなかった人は、残念ではありますが、人間として〝合格点《ごうかくてん》〟に達《たっ》していないと思います。

3　大国日本が果《は》たすべき使命とは

「進化論《しんかろん》」は仮説《かせつ》であって真実ではない

それはどういうことかと言うと、「自己認識《じこにんしき》が非常《ひじょう》に低《ひく》い」ということでもあります。学校教育の影響《えいきょう》もあるのでしょうが、多くの人たちは、「アメーバが人間の先祖《せんぞ》であり、そこから進化して人間になった」と考えています。

そういう人たちに対して、私は、「では、それを証明《しょうめい》してごらんなさい」と言いたいのです。しかし、それを証明できた人などいません。

アメーバから人間になっていく途中《とちゅう》のものが、もし生きて存在《そんざい》しているのなら、連《つ》れてきて順番《じゅんばん》に並《なら》べてみてください。「これがアメーバで、ここからがナメクジで、ここからがカタツムリで……」というように、人間まで進化する過程《かてい》を見せていただきたいのです。その過程には、「途中のもの」、「変化《へんか》中のもの」があったはずです。それは、今でも存在していなければいけないでしょう。ところが、今、存在している生き物は、〝すべて完成《かんせい》されたもの〟ばかりです。すでに完成された「種《しゅ》」しか存在していないのです。この意味が分からないのでしょうか。

仮説《かせつ》に基《もと》づいて意見を述《の》べるのは結構《けっこう》ですが、仮説はあくまでも仮説であって、真実ではないのです。それを忘《わす》れないでください。

あるいは、「人間の進化の過程について、アメーバにまで遡《さかのぼ》るのは行きすぎだ」と言う人がいるかもしれません。では、「あなたがたの先祖はネズミである」と言われたらどうでしょうか。それを、「はい、そうです」と、もし百パーセント近い人が信《しん》じるならば、そういう世の中は狂《くる》っていると思ったほうがよいでしょう。

今、ネズミはネズミ、人間は人間であり、それぞれ〝完成体〟として存在していますが、「なぜ、ネズミはネズミのままでいるのに、人間は人間になったのか。その理由を説明せよ」ということです。

なぜ、ネズミはネズミのままでいて、なぜ、人間は高度な知能《ちのう》を発達《はったつ》させ、高度な感情《かんじょう》を発達させ、高度な仕事ができるようになったのでしょうか。それを説明してください。偶然《ぐうぜん》にそうなったと思いますか。あるいは、それが、「適者生《てきしゃせい》存《ぞん》」ということなのでしょうか。

「偶然に人間に進化した」というのは、言葉を換《か》えれば、「森林には、これだけたくさんの木が生《は》えているので、いつの間にか木造《もくぞう》の家が建《た》っていてもおかしくない」と言っているのと同じです。しかし、家が建つためには、木を切り、製材《せいざい》し、それを組み立てる人がいなければならないのです。

「地球の異変《いへん》」と「新しい文明づくり」は表裏一体《ひょうりいったい》

このような、あまりにも論理《ろんり》が飛躍《ひやく》した仮説に飛《と》びつき、考えることを停止《ていし》した人間を大量《たいりょう》につくった国家には、それなりの困難《こんなん》が必《かなら》ずやってくるはずです。したがって、私たちは、そうした国家に立ち向かってくる困難と戦《たたか》わなければなりません。

自分自身の存在根拠《こんきょ》を否定《ひてい》し、尊厳《そんげん》を否定した者に、繁栄《はんえい》した未来《みらい》が来ることを期待するのはおかしいと思います。

かつて「滅《ほろ》びた国」はたくさんありますし、「滅びた文明」もたくさんあります。学者のなかには、この島国の日本文明を、独立《どくりつ》した一つの文明として捉《とら》える人もいますが、この日本文明が二十一世紀以降《せいきいこう》も続《つづ》いていくかどうかの大きな鍵《かぎ》は、私たち自身が握《にぎ》っているのです。私は、そのことを強く信ずるものです。

特《とく》に、「間違《まちが》った考え方の下《もと》に国家運営《うんえい》がなされているような国に、この日本文明が滅ぼされるようなことがあっては、断《だん》じて相成《あいな》らない」と思っています。それは、「神の正義《せいぎ》が、この地上において実現《じつげん》されない」というだけではなく、「その正反対のことが実現される」ということになるからです。

したがって、仏法真理《ぶっぽうしんり》的に見て間違った国是《こくぜ》によって成り立っている国家に対しては、言論と伝道《でんどう》において正論を貫《つらぬ》き、彼らの国のあり方や文化のあり方を正しい方向に変《か》えていくように努力《どりょく》しなければなりません。

それをするために、日本は現在、これだけ大きな経済力《けいざいりょく》を持った国家として存在が許《ゆる》されているのだと思います。しかし、その使命を十分に果《は》たし切っていないことが、残念《ざんねん》に思われてなりません。

『救世《きゅうせい》の法《ほう》』のなかには、「今後、この世の終わりのようなことが何度も起きる」ということが書かれています。おそらく、そうなるでしょう。ニュース等でも、大洪水《だいこうずい》や寒波《かんぱ》が起きたことが報道《ほうどう》されています。それは、時ならぬラニーニャ現象《げんしょう》（東太平洋赤道《せきどう》付近《ふきん》の海水温が異常《いじょう》に低くなる現象）や北極振動《ほっきょくしんどう》（北極圏《けん》の寒気の放出と蓄積《ちくせき》が周期的《しゅうき》に繰《く》り返される現象）が原因《げんいん》とも言われています。

今世紀に入ってから、大地震《おおじしん》をはじめ、地球の異変《いへん》がいろいろと続いていますが、おそらく、これからも、いろいろなものが起きてくるでしょう。

人類《じんるい》に対するそうした「揺《ゆ》さぶり」と、「新しい文明づくり」とは、表裏一体《ひょうりいったい》のものだろうと私は思います。今までにあるものが揺さぶられ、まったく予想していなかったことが、今後、たくさん現《あらわ》れてくるでしょう。

私が生まれてきたのは「希望《きぼう》の未来《みらい》」を告《つ》げるため

『救世の法』が発刊《はっかん》される直前の二〇一〇年十二月四日には、横浜《よこはま》アリーナで幸福の科学の大講演会《だいこうえんかい》が行われましたが、私は、その講演の最後《さいご》の五分ぐらいで、

「これから、宇宙《うちゅう》時代がやってきて、宇宙人たちと交流する時代が始まる」ということを、予言のように述べました（法話《ほうわ》「世界宗教入門」。『不滅《ふめつ》の法』（幸福の科学出版《しゅっぱん》刊）所収《しょしゅう》）。

それだけを聴《き》けば、今までの日本の常識から大きくずれた、不思議《ふしぎ》なことを言っているように感じたでしょうが、その直後、会場を出た人たちのうちの数千人が、上空に現れたＵＦＯの大群《たいぐん》を目撃《もくげき》しました。その様子は写真等に数多く撮《と》られましたし、なかには、母船から円盤《えんばん》が

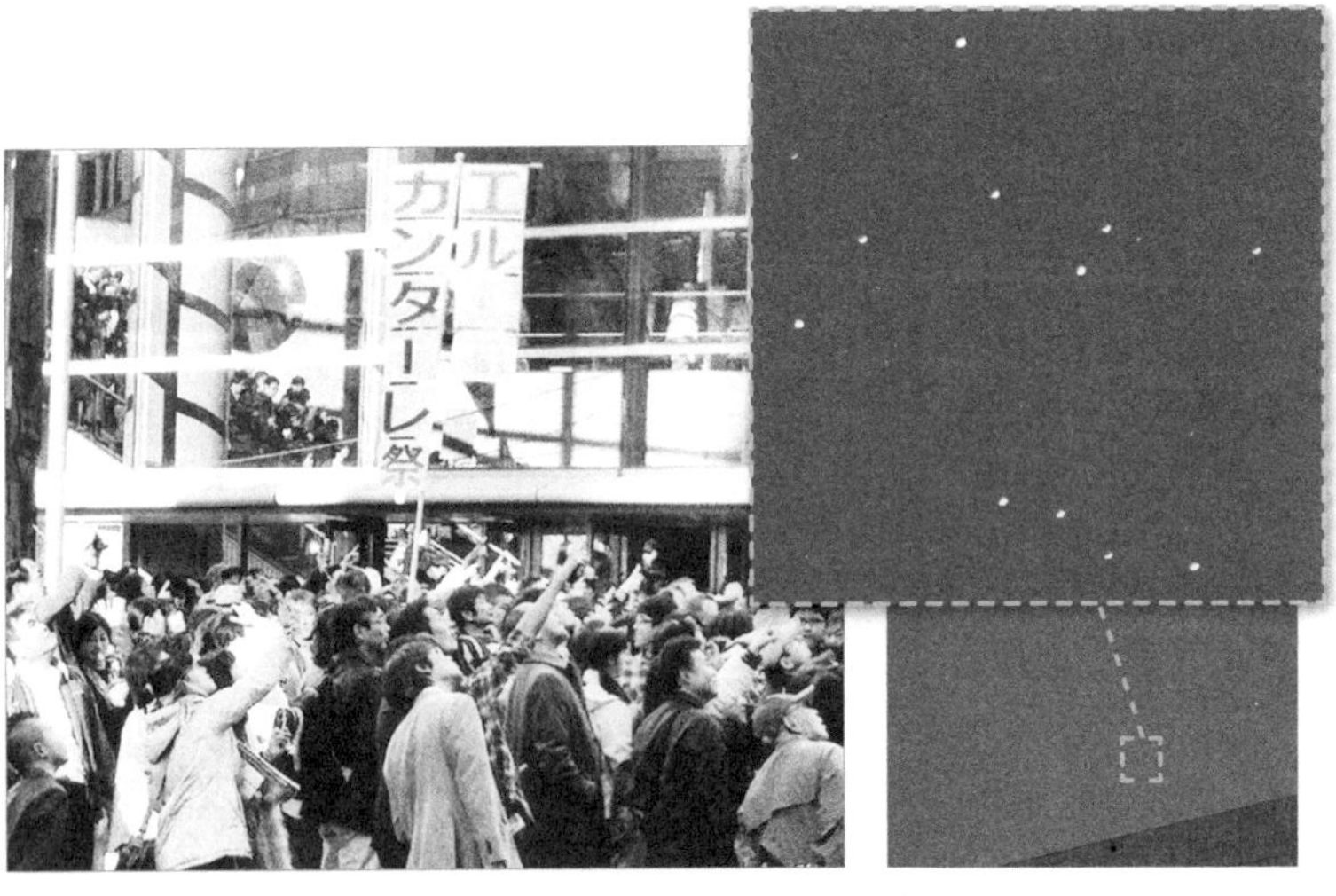

2010年12月４日、横浜アリーナで開催された大講演会の直後に、本会場上空に現れたＵＦＯフリート（艦隊）（上写真）。幸福の科学では、『「宇宙の法」入門』（幸福の科学出版刊）をはじめとして、「宇宙から地球に飛来した人々の真実」を明らかにした法話やリーディングを数多く収録・発刊している。

出てくるところを見た人までいます。おそらく、百機《き》前後は出現したと思われます（注。このＵＦＯ出現については、当時、スポーツ紙等でも報道された）。

私の講演は衛星中継《えいせいちゅうけい》をかけていますが、この衛星中継は、恐《おそ》ろしいことに、地球人ならざる者までが受信して聴いているらしいということが分かっています。そのため、説法《せっぽう》の際《さい》の言葉選《えら》びは、いっそう難《むずか》しくなりつつあります。地球人以外の者たちが、翻訳《ほんやく》して聴いているからです。

電波は空中を飛んでいるので、彼らにとって、それを傍受《ぼうじゅ》するぐらい、わけのないことでしょう。そして、地球に飛来するだけの科学力を持った文明があれば、私の講演の内容《ないよう》が分からないはずはありません。

彼らが私の講演に注目してくれていることは、まことに感謝《かんしゃ》に堪《た》えませんが、その内容をよいほうに使おうとしているのか、悪いほうに使おうとしているのか、そこが、もうひとつ疑問《ぎもん》なところです。

両方の可能性《かのう》があるので何とも言えませんが、「今後、この地球文明が、どういう方向に向かって動いていこうとしているのか。幸福の科学が挑戦《ちょうせん》しようと考えている方向に向かっていこうとしているのか」ということについて、今、克明《こくめい》に記録《きろく》を取っているのだろうと推定《すいてい》されます。

要《よう》するに、「地球人の手によって、地球の未来《みらい》を切り拓《ひら》いていけるかどうか」ということを見ているのだと思います。

また、二〇一〇年の夏には、中国の空港上空にも巨大《きょだい》なUFOの母船が現れ、一時、空港が閉鎖《へいさ》されるほどの大騒《おおさわ》ぎになりました。それはプレアデス星人の母船だったようですが、ものすごい発光をして人々を驚《おどろ》かせました。どうやら、中国への警告《けいこく》だったようです（『地球を守る「宇宙連合《れんごう》」とは何か』〔幸福の科学出版刊〕参照）。

そのように、今後、地球人の手の届《とど》かないような現象が、いろいろと起きてくるかもしれません。あるいは、これまで見知っていた現象が、規模《きぼ》を大きくして現れてくることもあるでしょう。いずれにせよ、予想外の事態《じたい》が、さまざまに起きてくるだろうと思います。

しかし、どうか、迷《まよ》わないでください。そのときのために、私は生まれてきているのです。あなたがたに、「希望《きぼう》の未来」があることを告《つ》げるために、私は生まれてきているのです。

どうか、それを信じてください。

4　世界紛争《ふんそう》を根本《こんぽん》からなくすために

私の本当の仕事は「ワールド・ティーチャー」

私は、「日本のためだけに教えを説《と》いているのではない」ということを繰《く》り返し述《の》べています。私は、「国師《こくし》」としての仕事もしていますが、本質的《ほんしつ》に、「ワールド・ティーチャー（世界教師）」なのです。

世界教師として、世界の人々に向かうべき方向を示《しめ》すこと、すなわち、「地球の未来《みらい》は、こういうものでなければならない」ということを示すのが、私の本当の仕事なのです。それを知っていただきたいと思います。

例《たと》えば、『救世《きゅうせい》の法《ほう》』の第4章「宗教《しゅうきょう》国家の条件《じょうけん》」には、「イスラム教とキリスト教等の対立が、今後どのようになっていくか」ということについて、いろいろと書いてあります。

今、心配されているのは、「核兵器《かくへいき》をすでに持っているイスラエルと、核兵器をもうすぐ製造《せいぞう》し、保有《ほゆう》するであろうイランとの間に、核戦争《せんそう》が起きるかどうか」ということでしょうし、また、「イランの核兵器が使用可能《かのう》になる前に、イスラエルがイランを攻撃《こうげき》するかどうか」ということでしょう。

そして、イランの核保有を認《みと》めたら、おそらく、サウジアラビアやエジプトも核武装《ぶそう》をするのは確実《かくじつ》でしょう。

今の中東は、「イスラエルだけが核武装をしていて、イスラム教国は核兵器を持っていない」という状況《じょうきょう》にありますが、それが今度、「核武装したイスラム教国にイスラエルが囲《かこ》まれる」という状況になったとき、それを黙《だま》って見過《みす》ごすことができるかどうかです。これが、ここ十年ぐらいの間に懸念《けねん》される大きな事態《じたい》の一つです。

もし、ここで核戦争が起きれば、『旧約聖書《きゅうやくせいしょ》』に予言され、また、『新約聖書』の「黙示録《もくしろく》」の一部にも予言されているとおりの「ハルマゲドン」（「メギドの山」の意）の戦《たたか》いになります。まさに、ここが「メギドの地」なのです。「この地で最終《さいしゅう》戦争が起きるかどうか」ということが懸念される問題です。

教祖《きょうそ》の霊的能力《れいてきのうりょく》のあり方によって「宗教《しゅうきょう》の違《ちが》い」が出る

『救世の法』には、そうした争《あらそ》い、対立が起きている理由についても書いてあります。

それは、要《よう》するに、「人間の目には霊界《れいかい》が視《み》えないので、結局《けっきょく》、人が書いたものや語ったものでしか神を判断《はんだん》できない」ということです。過去《かこ》の預言者《よげんしゃ》たちも、「霊聴《れいちょう》」といって、神の声を聴《き》けるだけで姿《すがた》までは視えないことが多かったので、それが原因《げんいん》で対立がよく起きているわけです。

偶像崇拝《ぐうぞうすうはい》を否定《ひてい》する宗教《しゅうきょう》はよくありますが、その場合、教祖《きょうそ》に当たる人に霊視《れいし》能力《のうりょく》がないことが多いのです。もし、霊視ができ、神や仏《ほとけ》の姿を視ることができたならば、その教祖は、必《かなら》ず、その姿を何かに表し、造形《ぞうけい》しようとするものです。

しかし、その姿を霊視することができず、声だけが聞こえたり、あるいは、自動書記のようなかたちで霊示《れいじ》だけが降《お》りたりするスタイルだった場合には、偶像崇拝を否定したがる傾向《けいこう》があります。

それに対して、実際《じっさい》に神の姿を視ることができた人は、偶像崇拝をあまり否定しないのが普通《ふつう》です。実際に姿を視た場合には、「神のお姿は、こういうものであった」ということを、必ず、ほかの人にも見せたくなるので、像をつくるか、絵を描《か》くかして、目に見えるかたちに表そうとします。

そのように、教祖の霊的能力のあり方の違《ちが》いによって、宗教の違いが出てきやすいのです。

世界宗教のルーツにある「エローヒム」という名の神

本章のもとになる講演《こうえん》をするに当たり、私は、世界宗教のルーツのところについて、幾《いく》つか霊査《れいさ》を行《おこな》ってみました（『「ヤハウェ」「エホバ」「アッラー」の正体を突《つ》き止める』〔宗教法人幸福の科学刊《かん》〕参照《さんしょう》）。

まず、一神教のユダヤ教から調べに入りました。

ユダヤ教には、「ヤハウェ」といわれる主神《しゅしん》がいて、ユダヤ民族《みんぞく》の初期《しょき》のころの預言者からは、そのヤハウェを信仰《しんこう》する教えがたくさん出てきています。モーセなどもそうです。

ところが、ユダヤ教では、途中《とちゅう》から神の名が変《か》わっているのです。『旧約聖書』

『「ヤハウェ」「エホバ」「アッラー」の正体を突き止める』（宗教法人幸福の科学刊）※幸福の科学の支部・精舎にて拝受可能。

には、第一イザヤ、第二イザヤといって、イザヤという預言者が二人出てくるとされていますが、このイザヤという預言者が出たとき、彼は神の名を「エローヒム」と呼《よ》んでいます。その前は「ヤハウェ」と呼ばれていたのが、ここから、神の名が「エローヒム」に変わっているのです。

この理由がユダヤ人たちには分からず、両者を同じ神だと思っていることが多かったようです。

しかし、霊的な実態を言えば、イザヤが「エローヒム」と呼んだ神は、当時、中東からアフリカを覆《おお》っていた神なのです。実は、このエローヒムという神がイザヤのころに現《あらわ》れた理由は、それから七、八百年後にイエス・キリストによって起きるキリスト教の準備《じゅんび》のためでした。

ユダヤ教は、もともと、イスラエルのユダヤ民族の小さな宗教だったわけですが、「次の世界宗教としてキリスト教が出現《しゅつげん》する基盤《きばん》をつくるために、途中からエローヒムという神が入っていった」ということです。

しかし、このあたりの区別《くべつ》が、ユダヤ教のなかでは明確についていません。イエス自身も、『旧約聖書』を勉強していたので、この区別がはっきりしていない部分があるのですが、イエスが信じていたのは、エローヒムという神のほうです。エローヒムは、当時、中東全域《ぜんいき》を覆っていた「愛《あい》の神」だったのです。

それで、古いユダヤ教を信じている人たちは、キリスト教を迫害《はくがい》しましたが、その後、また、「キリスト教 対 イスラム教」の争《あらそ》いが起きています。

このイスラム教を指導《しどう》したのも、『救世の法』に書いてあるように、その当時、中東全域を覆っていたエローヒム（アッラー）なのです（前掲《ぜんけい》『「ヤハウェ」「エホバ」「アッラー」の正体を突き止める』参照）。

したがって、神は〝同じ〟なのですが、このあたりを理解《りかい》し合えていない部分があります。さらには、偶像を否定したり、「われ以外《いがい》、神なし」と言ったりした者との軋轢《あつれき》などによって、教えがいろいろ混在《こんざい》して整理ができていないために、戦いが起きているのです。

世界の紛争を根本からなくし、未来《みらい》を拓《ひら》く幸福の科学の使命

今、私は、それを全部、整理し直そうとしています。そうした世界宗教のもとにあるものを、ルーツのところからきちんと整理し、世界の紛争を根っこからなくそうとしているのです。

核兵器を用いるよりも前に、宗教の根元《ねもと》から、その勘違《かんちが》いや、相互《そうご》理解のできていない部分を、根本的に直そうとしているわけです。

幸福の科学は、そういう大きな使命を持っています。

さらに、幸福の科学は、単《たん》なる国粋主義《こくすいしゅぎ》的な右翼《うよく》の運動とは、当然《とうぜん》違ったものではありますが、日本神道《しんとう》に対しても十分な理解を持っています。

私は、過去、キリスト教にも、イスラム教にも、ユダヤ教にも、その他の世界の宗教にも、あるいは、アフリカ等にもかなり大きな影響《えいきょう》を与《あた》えてきました。もちろん、エジプトにも、ギリシャにも、ローマにも、インドにも影響を与えてきました。

そして今、日本にも大きな影響を与えようとしています。今、あなたがたに明かされている「未来《みらい》の計画」を実践《じっせん》していかなければならないと思っているのです。

未来は、ただ与えられるものではありません。「自《みずか》らの力で拓《ひら》いていこう」と、強く願《ねが》っていただきたいのです。

われを信《しん》ずる者、百人あらば、その町に、壊滅《かいめつ》的天変地異《てんぺんちい》は起きまい。

かつて、私は、
「もし、われを信《しん》ずる者、百人あらば、
その町に、壊滅《かいめつ》的天変地異《てんぺんちい》は起きまい」
という話をしたことがありますが、
その言葉どおりのことが、東日本大震災《だいしんさい》の際《さい》に、
東北のある地域《ちいき》で起きたことも『不滅《ふめつ》の法《ほう》』に書いてあります。

その地域には、
幸福の科学の信者が百三十人いたため、
そこだけ津波《つなみ》が避《さ》けて通ったのです。
この話は、
当会の月刊誌《げっかんし》等に、数多く取り上げられました。
その地域の周《まわ》りは、
ほとんど津波に押《お》し流されたのにもかかわらず、
信者が百三十人いる地域だけは、
きれいに、ぽっかりと穴《あな》が開《あ》いたように、
津波が避けて通ったのです。

月刊「ザ・伝道」別冊「愛と感動の体験集　東日本大震災、信仰の奇跡。」（宗教法人幸福の科学刊）には、地震や津波の被害から奇跡的に助かった体験談が数多く掲載されている。

また、熱心《ねっしん》な信者の場合には、「目の前の道路まで津波が来たが、なぜか、それが反転して返っていった」ということも起きています。

当会では、そのような奇跡《きせき》が数多く起きていますが、信仰《しんこう》というものは、最後《さいご》は、そこまで行くのです。

東日本大震災が起きたあと、あるマスコミは、当会を揶揄《やゆ》して、「信仰の力で津波そのものを止めることはできなかったではないか」というようなことを書いていました。

しかし、津波は、止まるべきところでは止まり、反転すべきところでは反転しているのです。
助かるべき人は助かっているのです。
どうか、その事実を知っていただきたいと思います。

こうした奇跡は、あくまでも方便《ほうべん》ではありますが、
あなたがたに、「神秘《しんぴ》の力とは何であるか」ということを教えるために、
起こしていることなのです。

第5章

地球神への信《しん》仰《こう》とは何か

What is the Faith in the God of the Earth?

新しい地球創《そう》世《せい》記《き》の時代を生きる

1　エル・カンターレは「地球神」

幸福の科学は日本の一宗教《しゅうきょう》の枠《わく》を超《こ》えている

現在《げんざい》、私は海外伝道《でんどう》も行《おこな》っていますが、今後は、〝危険地帯《きけんちたい》〟にも巡錫《じゅんしゃく》に赴《おもむ》くことになるだろうと思います。

今は国際《こくさい》時代であり、昔ほど交通の便《べん》が悪いわけではないのですが、何か不測《ふそく》の事態《じたい》が起きないとも限《かぎ》らず、万一《まんいつ》、言い残《のこ》したことがあるようだと、あとで後悔《こうかい》する可能《かのう》性があります。

まだ、はっきりとは説明《せつめい》していないものとして、「エル・カンターレ信仰《しんこう》」があります。これについて詳《くわ》しく語ってはいないため、一度、説《と》いておきたいと思います。

私が常々《つねづね》、「不惜身命《ふしゃくしんみょう》」と言っている以上《いじょう》、いつ何が起きてもいいように、大事なことは述《の》べておきたいのです。それを語るべき時が来ていると思うので、話すことにします。

幸福の科学の教えは地球規模《きぼ》になってきていますし、日本の一宗教《しゅうきょう》としての分《ぶん》はすでに超《こ》えていると思うこともあります。

私は、二〇一〇年の十月に、石垣島《いしがきじま》と沖縄《おきなわ》本島に行き、日中の国境《こっきょう》にて、この国のあるべき方針《ほうしん》を語りましたが、そろそろ宗教としての限度《げんど》を超え始めていると思っています。

ほかの宗教には、今、ここまで言えるところはないので、当会は一宗教の枠《わく》を超えて情報《じょうほう》を発信し始めていると言えます。

それは、同年十月の愛知《あいち》県体育館での法話《ほうわ》「宗教の復活《ふっかつ》」（『この国を守り抜《ぬ》け』〔幸福実現党刊《じつげんとうかん》〕第5章所収《しょしゅう》）においてもそうだったと思います。世界に衛《えい》星中継《せいちゅうけい》をかけていたこともありますが、そこで私は「ワールド・ティーチャー」としての立場を宣言《せんげん》しました。

会の規模《きぼ》や教え相応《そうおう》に変化《へんか》してきた、幸福の科学の信仰形態《しんこうけいたい》

今、私は、「幸福の科学では、信仰《しんこう》の段階《だんかい》が、以前の状態《じょうたい》から脱皮《だっぴ》し、進化し、次第《しだい》に変化《へんか》しつつあるのではないか」と考えているところです。

そもそも幸福の科学は、一九八六年に、東京都の杉並《すぎなみ》区で六畳一間《ろくじょうひとま》の小さな仮《かり》事務所《じむしょ》から始めたわけですが、それから現在までの約《やく》三十年間に、やはり、会の規模《きぼ》や教え相応《そうおう》に信仰の形態《けいたい》は変《か》わり、その信仰の内容《ないよう》も変化を遂《と》げてきたのではないかと思うのです。

霊言集《れいげんしゅう》の刊行は『日蓮《にちれん》の霊言』（一九八五年刊。現在は『大川隆法霊言全集』

●仏陀　ゴータマ・シッダールタ。約2600年前、インドの釈迦《しゃか》族の王子として生まれるも、29歳のとき、「悟り」を求めて出家《しゅっけ》。後《のち》に「大悟《たいご》」し、仏教の開《かい》祖《そ》となった。地球神エル・カンターレの分身の一人。『釈迦の本心』（幸福の科学出版刊）等参照。

第１巻《かん》・第２巻〔宗教法人幸福の科学刊〕所収）から始まりましたが、初期《しょき》においては、まだ、霊のほうがこの世の人間よりかなり偉《えら》いように感じていたので、その霊の言葉を受けて活動してもいました。

しかし、霊人《れいじん》たちはそれぞれ個性《こせい》が違《ちが》うため、多様な霊人たちの言葉を聴《き》くだけでは、教団《きょうだん》として信仰を一本化するのが難《むずか》しい面もあったのです。

その後、一九九四年ぐらいからは、「信仰をもう少しシンプル化しよう」という理由で、「仏陀《ぶっだ》・ヘルメス中心型《がた》の思想」に移行《いこう》してきました。そのころ、霊言集の発刊をいったん止《と》め、理論書《りろんしょ》中心の流れに変えたわけですが、会員たちには、まだ戸惑《とまど》いもあり、その段階で、ついてこられない人もいたのではないかと思います。

最近《さいきん》では、また霊言集もずいぶん出ています。「七百人を超える霊人が出てきている（二〇一七年十一月時点）」とのことでもあるので、「単《たん》に昔返りをしたの

●ヘルメス　ギリシャ神話のオリンポス十二神の一柱《ひとはしら》とされているが、霊的真実としては、約4300年前に「愛」と「発展」の教えを説き、西洋文明の源流となった実在の英雄。地球神エル・カンターレの分身の一人。『愛から祈りへ』『信仰のすすめ』（共に幸福の科学出版刊）等参照。

か」という見方もあろうかと思いますが、そうではありません。

前述《ぜんじゅつ》したように、私は過去《かこ》にも霊言集を出していたのですが、霊言集を発刊しなくなってから時間がたったため、今の若《わか》い人たちのなかには、霊言現象《げんしょう》を知らない人や、当会が霊言集を出していたことを知らない人も増《ふ》えてきました。

また、この世の中には、「霊的存在《れいてきそんざい》や霊界《れいかい》について教えてほしい」というニーズ自体は、やはり、いつの時代にもあり続《つづ》けると感じています。

そこで、新しい信者層《そう》を惹《ひ》きつけつつ、彼らが霊界に関心《かんしん》を持ち、自分自身の心の探究《たんきゅう》をしていくためにも、今、再《ふたた》び霊言集を出しているのです。

これは、ある種《しゅ》の「遠心力《えんしんりょく》」が働《はたら》いているところだと思います。つまり、入り口がまたたくさんできようとしているわけですが、こうした「遠心力」が働いているときであるからこそ、「求心力《きゅうしんりょく》」も同時になければ、教団としては、その方針、方向性を保《たも》つことができないのではないかと考えています。

●オフェアリス　約6500年前にギリシャに生まれ、エジプトに遠征《えんせい》した指導者。「奇跡《きせき》」「繁栄《はんえい》」「芸術」の神であり、エジプト神話では「オシリス」と呼ばれる。
●リエント・アール・クラウド　約7000年前に古代インカの王として生まれ、心の世界の神秘《しんぴ》を説いた。天上界《てんじょうかい》では、他惑星《たわくせい》との交流に関して責任を負っている。

信仰において、もう一段《いちだん》の絞《しぼ》り込《こ》みが要《い》る

当会は、「エル・カンターレ」というものを信仰の中心、中核《ちゅうかく》に置《お》き、そのなかで、「釈尊《しゃくそん》、ヘルメス、オフェアリス、リエント・アール・クラウド、トス、ラ・ムーという、魂《たましい》の兄弟がいる」という説明をしています。

しかし、「これでは、まだ、信仰として、きちんと固《かた》まり切らない部分が残っているのではないか」と感じています。大きな数から絞《しぼ》ってはいますが、まだ、もうひとつ絞り切れていないところがあります。

そのため、「信仰を立てるに当たっては、やはり、もう一段《いちだん》の絞り込《こ》み、考え方のまとまりが要《い》るのではないか」と感じる時期に至《いた》ったように思います。それが、最近の当会における、一宗教としての枠を超えた大きな動きの延長上《えんちょうじょう》に見えるものであるように考えられます。

●トス　約1万2000年前にアトランティス文明の最盛期を築いた万能の指導者。エジプト神話では「トート神」として知られる。

●ラ・ムー　約1万7000年前にムー文明の最盛期を築いた指導者。宗教家兼政治家として神政一致の治世を行った。

今、私の意識《いしき》のほうが、かなり先のほうに進んでいっているので、教団のほうは、まだまだゆっくりとついてきている状況《じょうきょう》ではありますが、いずれは追いついてくると思います。

そこで、私が目指している方向等について、語らなければならないと考えています。

「再誕《さいたん》の仏陀」という言い方をすると分かりやすいので、方便《ほうべん》的には、そういう言い方もしてはいますが、実は、「そろそろ、もう一段、踏《ふ》み

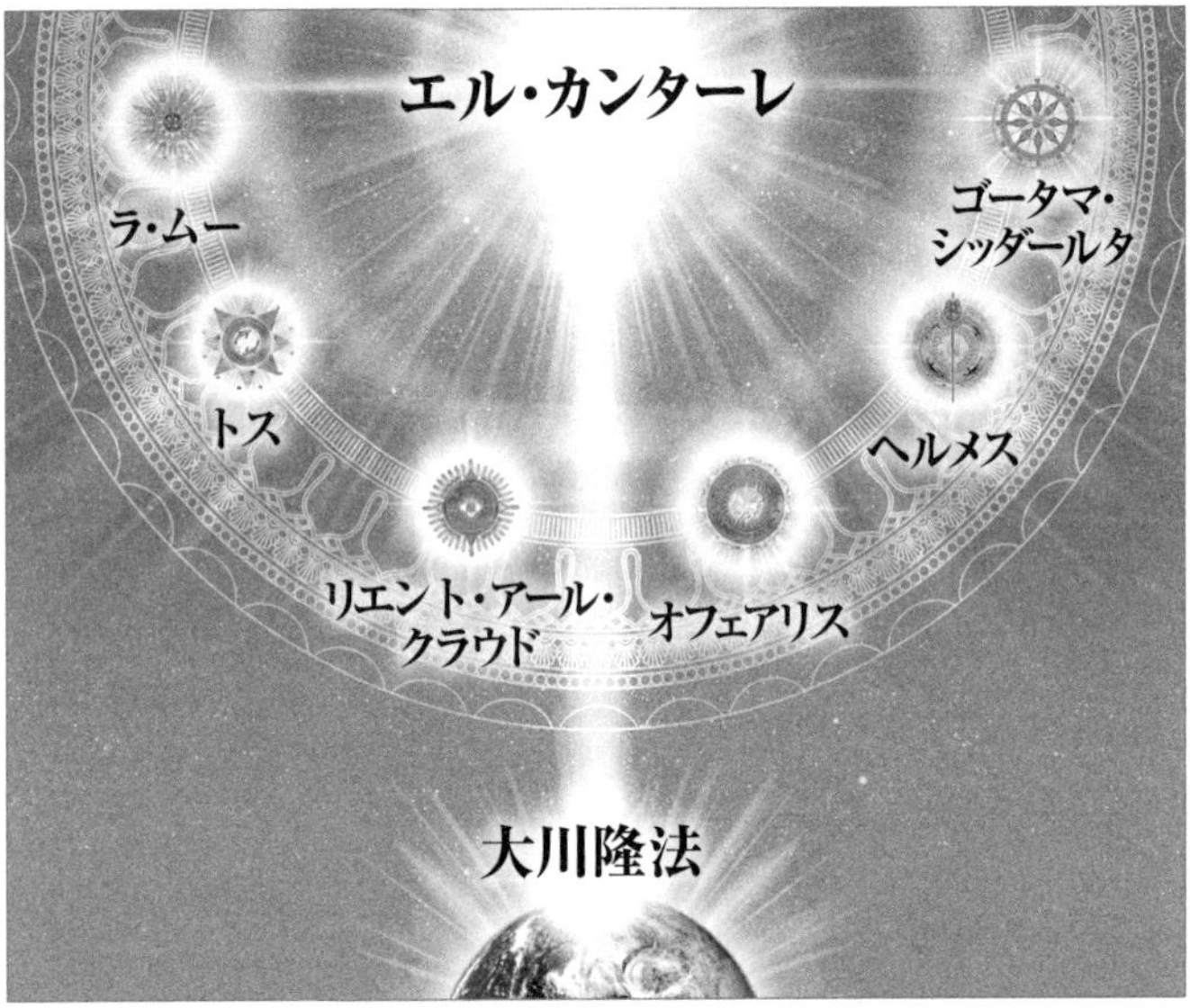

エル・カンターレとは、「うるわしき光の国・地球」という意味であり、地球の創世より、人類を導いてきた地球の至高神《しこうしん》。仏陀やヘルメスなどの魂《たましい》の分身を幾度となく地上に送り、数多《あまた》の文明を興隆《こうりゅう》させてきた。イエスが父と呼び、ムハンマドがアッラーと呼んだ存在でもある。現在、その本体意識の一部が大川隆法として生まれている。『太陽の法』(幸福の科学出版刊)等参照。

込まなければいけない時期に来ているのではないか」と思うのです。

エル・カンターレの分身《ぶんしん》たちのうち、歴史上《れきしじょう》、知られている名前として、仏陀やヘルメスぐらいまでは、聞いたことがある人はいるかと思うのですが、他の人の名前を知らない人もそうとう多いでしょう。

エル・カンターレも、その名は知られてはいない、耳新しい名前です。その意味においては、「エル・カンターレ信仰」を立てようとしても、その名前そのものが耳新しくて聞いたことがないために、それが、一つの壁《かべ》になっている面もあると思います。

もちろん、分身という考え方は、古代のインドにも、よく似《に》たものがあります。古代のインドでは、「ヴィシュヌ神は、いろいろと分かれて出てきた。その化身《けしん》の一人が仏陀だ」という言い方をすることもあるので、「大きな霊体《れいたい》が分身型で魂をこの世に出してくる」という思想自体は従来《じゅうらい》からあり、インドなどでは認《みと》められていることではあるのです。

しかし、キリスト教やイスラム教という、ここ二千年ばかりの一神教系《けい》の宗教においては、そのあたりについて、よく分からない状況が続いていると考えられます。

エル・カンターレ信仰とは、地球神の存在《そんざい》を認《みと》める信仰

はっきり述べると、エル・カンターレ信仰は、別《べつ》な言葉で言えば、「地球神の存在《そんざい》を認《みと》める」という信仰です。

しかし、これについて明確《めいかく》には言わずに、「それを悟《さと》れ」ということを言っていたわけです。

もちろん、それには、教団の客観《きゃっかん》的な力の成長《せいちょう》を待っている部分も多分にあります。

例《たと》えば、浄土真宗《じょうどしんしゅう》では、親鸞《しんらん》は「弟子《でし》一人持たず候《そうろう》」と言っていたのに、今では公称《こうしょう》一千万人という大教団になっています。また、日蓮は自分を「法華経《ほけきょう》の行者《ぎょうじゃ》」と言っていたのに、日蓮教団もまた、「数百万人の信徒《しんと》を持っている」と言われる大教団になっています。

このように、宗教も時代を下《くだ》れば大きくなり、信仰の形態も変わっていくものだろうと思います。

釈迦《しゃか》も、生前には「人間・釈迦」の部分が確《たし》かにあったのでしょうが、時代を下るにつれて、「人間・釈迦」ならぬ、「久遠実成《くおんじつじょう》の仏陀」としての信仰が立っていったと思われます。

したがって、「今、地上に下《お》りている大川隆法を通じて、みなさんが〝現在進行形〟で感じているエル・カンターレが、本当のエル・カンターレであるかどうか」ということには、まだ疑問《ぎもん》とする余地《よち》はあるのです。

みなさんは、人間としての属性《ぞくせい》を持ったエル・カンターレを、ちょうど3D《スリーディー》眼鏡《めがね》をかけて見ているかのような状況にあります。しかし、後世の人たちから見たエル・カンターレは、みなさんが見ているエル・カンターレとは、おそらく違ったものになるであろうと想像《そうぞう》されます。

そして、「どちらが本当であるか」ということであれば、おそらく、後世の人が見ているエル・カンターレ像が、本当のエル・カンターレに近いであろうと感じられるのです。

同時代の人には「本当のエル・カンターレ像《ぞう》」が見えにくい

この世においては、いろいろな迷《まよ》わし、目の錯覚《さっかく》、三次元的な束縛《そくばく》が数多く、それに引っ張《ぱ》られることがあります。そのため、同じ時代を生きている人間に対しては、自分の眼《まなこ》を通して見たものを信じることが多いと思います。

キリスト教においても、「存命《ぞんめい》中のイエスを見た弟子たちが信じていたイエス」と、「二千年後のキリスト教徒が信じているイエス」とでは、おそらく違うであろうと思われます。

イエス在世中の弟子たちが見ていたイエス像《ぞう》は、自分たちと同じように、迫害《はくがい》を受け、その日の糧《かて》や、その日の宿を探《さが》すことにも苦しみ、最後には裏切《うらぎ》られて、民衆《みんしゅう》に石礫《いしつぶて》を投げられ、ローマ兵《へい》に引きずられて、十字架《じゅうじか》に架かり、強盗殺人犯《ごうとうさつじんはん》と一緒《いっしょ》に処刑《しょけい》されたイエスです。

それが人間としてのイエス像であったでしょう。そのため、それを見ていた人のなかには、それでつまずいた人も数多くいたであろうと思います。

しかし、後世の人が見たイエス像は、そういうイエスとは違ったイエスです。彼らは、この世では見たこともない「復活のイエス」を信じ、「神の独《ひと》り子《ご》であるイエス」を信じ、イエスそのものを神と同一視《どういっし》するような信仰を持つに至ったのです。

当会の信仰も、時代が下るにつれて、おそらく、そのような変貌《へんぼう》を遂げてくるでしょう。

仏典《ぶってん》等を読み、釈迦在世当時の細々《こまごま》とした戒律《かいりつ》などから推定《すいてい》すると、釈迦像としては、「そうとう細かいことについてまで指示《しじ》を出している人間の姿《すがた》」が浮《う》かんでくるわけですが、実際の信仰における釈尊は、やはり、「大仏《だいぶつ》に象徴《しょうちょう》されるようなものが本当の姿」なのではないかと思われます。

どちらが本当かというと、実は、人間としての姿を見ていない人の信じているものが本当であることが多いのです。

キリスト教で言うならば、キリスト教は、異教徒《いきょうと》の人々から、「自《みずか》らを救《すく》えなかった人間が救世主《きゅうせいしゅ》であることは、ありえない」という批判《ひはん》を受けることがあります。

当時、十字架に架かったイエスは人々から嘲笑《あざわら》われました。「ユダヤ人の王」と札《ふだ》に書かれ、王冠《おうかん》の代わりに茨《いばら》の冠《かんむり》をかぶせられて、「本当にユダヤ人の王で救世主であるなら、自分を救ってみよ」という、挑発《ちょうはつ》的で侮辱《ぶじょく》的な言葉を数多く投げかけられました。

しかし、イエスは、現実には、釘《くぎ》で打ち付《つ》けられた十字架から逃《のが》れ、何かを起こしたわけではありません。実は、そのあとの霊的な復活を通して、人々に魂の永遠性《えいえんせい》を信じさせたのであり、また、霊的な目覚《めざ》めを得《え》た弟子たちの前に、その姿を現《あらわ》すことによって、真実の世界のあり方と、自分が永遠不滅《ふめつ》の存在であることを説いたのです。

私の場合も、残念《ざんねん》ながら、同時代に生きている人たちには、やはり、〝百分の一ぐらいの姿〟にしか見えないことが多いであろうと思われます。

したがって、「意外に、日本にいる人々よりも、地球の裏側《うらがわ》であるブラジルで信仰している人々や、インド、アフリカの地で信仰している人々のエル・カンタ ーレ像のほうが正しいかもしれない」ということは、知っておいたほうがよいでしょう。

なぜかというと、人間には、どうしても、自分に引き比《くら》べて物事を考える傾向《けいこう》があるからです。私が説いている教えのなかにある普遍《ふへん》的なるものを、同時代において、同時期において、つかみ取ることができるならば、その人はそうとう優《すぐ》れた人だろうと思います。

しかし、現実には、なかなかそうはいかないものなのです。

2　エル・カンターレの本体下生《げしょう》の真実

一回目の名は「アルファ」、二回目の名は「エローヒム」

「エル・カンターレという魂《たましい》は六人の分身を持っている」というような言い方をしていますが、実は、エル・カンターレの本体としての下生《げしょう》は、今回が三回目に当たります。

一回目の下生は、今からもう三億年以上前《おくねんいじょう》のことになります。そのときは「アルファ」という名で呼《よ》ばれていました。

霊言《れいげん》などで、ときどき、「アルファの法《ほう》」という言葉が出てきていますが、「アルファ」は最初《さいしょ》の下生のときの名前です。それは「物事の始まり」「始原《しげん》」ということです。

そのアルファの説《と》いた法が、「始原の法」といわれているものです。

二度目に生まれたのは、今から一億五千万年ほど前に当たります。このときに呼ばれた名前は「エローヒム」で、一般《いっぱん》的には、これを簡略《かんりゃく》化し、「エル」という名で呼ばれています。

「エル」という名前は、中東からアフリカ、南ヨーロッパあたりにまで広がっていて、ある意味で、神の代名詞《だいめいし》にもなっており、「神の光」「光」「神」という意味で使われています。

「エローヒム」という名で呼ばれているのが二回目の下生のときです。

（左）『アルファの時代』、（右）『アルファの法』（共に宗教法人幸福の科学刊）

アルファは地球的真理の方向づけを行《おこな》った

一回目の本体下生は、地球人類《じんるい》の新しい文明実験《じっけん》のころ、すなわち、ちょうど他の惑星《わくせい》からも第一弾《だん》の集団《しゅうだん》が飛来《ひらい》し、新しい地球人をつくろうとしているころであったと思います。

そのころは、まだ地球的価値観《かちかん》が十分に確立《かくりつ》していなかったため、この世に下生し、「アルファ」という名で法を説いたのです。

最初に来ていたのはマゼラン星雲のゼータ星の人たちです。この星はベータ星ともいわれています。今も、「アルファ」「ベータ」「ガンマ」という言葉はよく使われます。

このゼータ星から、かなり多くの人たちが来て、地球で創《つく》られた魂たちと混在《こんざい》して住んでいましたが、当時、最初の人種《じんしゅ》的対立、あるいは世界戦争《せんそう》の危機《きき》、そうした危機的な状況《じょうきょう》が人類に起きたため、地球の価値観というものを打ち立てようとして、アルファが地上に下り、それを統一《とういつ》したのです。

今、幸福の科学では霊言集が数多く出ていますが、「どれが本当の教えか分からないので、いろいろなものに勝手に帰依《きえ》すればよい」というような選択《せんたく》をされては、教団に混乱《こんらん》が起きてくるでしょう。

それと同じです。いろいろな星から人が来始めたとき、それぞれが持ってきた元の星のカルチャーを「地球文化」にしようとすると混乱が起きてくるので、「何が、地球における正しい真理であるのか」ということを説き、「地球的真理」というものを方向づける必要《ひつよう》があったのです。

それが、「アルファの法」として説かれたものです。地球神としての立場から、「この教えに帰依しなさい。この教えに帰依することが、地球人になるための条件《じょうけん》である」と述《の》べ、地球生まれの地球人類と、宇宙《うちゅう》から来た人たちとを、一つの法の下《もと》にまとめ上げたのです。

それが、三億年以上昔の最初の下生です。

いずれ、詳《くわ》しく説けるときが来るかもしれませんが、今は、とりあえず、「そういうことがあった」と述べておきます（注。さらに詳しくは、『アルファの法』『アルファの時代』〔共《とも》に宗教法人幸福の科学刊《かん》〕参照《さんしょう》）。

エローヒムは、光と闇《やみ》、善悪《ぜんあく》の違《ちが》いを示《しめ》した

二度目の本体下生は一億五千万年ほど前になります。

「アルファの法」を説いたアルファが生まれたのは、どちらかといえば、今のアフリカに近い地域《ちいき》だったと思われますが、次にエローヒムとして生まれたのは、やはり、アジアの西側《にしがわ》で、ヨーロッパとつながる地域であり、宗教の本場である今の中近東にかなり近いあたりだと思われます。

エローヒムの教えは、今の砂漠地帯《さばくちたい》から、アフリカやヨーロッパ、さらには、コーカサスから東側に大きく広がったユーラシア大陸《たいりく》にまたがった部分に広がりました。「このあたりに教えを広げる」ということで、二度目の下生が起きています。

当時は、地獄《じごく》のもとになる、いわゆる低位霊界《ていいれいかい》ができ始めていたころですが、天上界《てんじょうかい》の指導霊団《しどうれいだん》のなかでも、実績《じっせき》の差《さ》や意見の差がかなり出てき始めていたころでもありました。

まだルシフェルが地獄界に堕《お》ちる前ではあったのですが、数多く地上に転生《てんしょう》を繰《く》り返している者が起こした宗教などの影響《えいきょう》がかなり強くなり、それが「アルファの法」とかなり食い違《ちが》ってきていて、「このままでは、やがて地球霊界にも大きな分断《ぶんだん》が起きる」という予兆《よちょう》が現《あらわ》れていました。

すでに、低位霊界の住人となり、天上界に上がってこられない者が出始めてい

●ルシフェル　地獄の帝王《ていおう》である悪魔《あくま》。元は、いわゆる七大天使の一人であったが、約1億2000万年前、地上にサタンという名で生まれたとき、地位欲や物質欲等におぼれて堕落《だらく》。死後、高級霊界に還《かえ》ることができず、世界に混乱を起こしている。ルシファーともいう。『太陽の法』(幸福の科学出版刊)等参照。

たので、「もう一段《いちだん》、人々を正しい方向に導《みちび》く必要がある」ということで、エローヒムがこの地に下りたのです。

最初の「アルファの法」と比《くら》べて、エローヒムの主たる教えは何だったのでしょうか。

「アルファの法」は「創世記《そうせいき》」「人類創成《そうせい》の法」を中心とする教えでしたが、エローヒムのときには、当時、光と闇《やみ》が分かれてきつつあったので、「光と闇の違い」や「善悪《ぜんあく》の違い」、つまり、「何が光で、何が闇であるか」「何が善で、何が悪であるか」というようなことを中心に、智慧《ちえ》として示《しめ》す教えがかなり出てきました。

そして、「地球的な意味における善悪とは何であるか」というようなこともかなり指導しましたが、それを指導しつつも、「その悪のなかにも、まだ光は宿っている」と説くことも忘《わす》れなかったのです。

したがって、単《たん》なる善悪二元論《にげんろん》までは行っていないのであり、「それぞれのなかに光なるものは宿っている。しかし、地球的真理から見ての善悪、光と闇はある。だから、あなたがたは光を選《えら》び取りなさい」というような教えを説いたわけです。

こうした教えは、おそらく、後《のち》のゾロアスター教やマニ教にも影響を与《あた》えているように思います。また、インドの仏教《ぶっきょう》にも、その影響が表れているでしょう。

キリスト教も、善悪二元論と言うべきかどうかは分かりませんが、どちらかというと、罪《つみ》の意識《いしき》を非常《ひじょう》に強く主張《しゅちょう》する宗教ではあるので、やはり、そうした思想が背景《はいけい》には流れていると考えてよいと思います。

これは、「一回目の下生に比べて、二回目のときには、人々に善悪をもっと教えなければいけない時期が来ていた」ということです。

エローヒムが説《と》いた統治《とうち》の原理とは

そのころには、宇宙から地球に飛来した宇宙人種もそうとうの数になっていたため、「価値観の多様《たよう》性」という意味では、かなり複雑《ふくざつ》なものになっていました。それぞれの星には、やはり、進んだ部分と遅《おく》れた部分とがあるので、「それらを合わせて一つの価値観をつくる」というのは、なかなか難《むずか》しいことです。

そのため、エローヒムは、善悪を教えると同時に、統治《とうち》の原理として、「さまざまな違った意見を反映《はんえい》させながら、国を治《おさ》め、世界を治めていく」という方向を示したのです。

そこには、現代《げんだい》の民主主義《みんしゅしゅぎ》のもとになる考え方が、政治《せいじ》思想としてすでに現れています。「いろいろな考え方に基《もと》づいて、自由な意見を出すことはよろしい。しかし、自由な意見を出し、十分に議論《ぎろん》をして、その結果《けっか》、合意を見たことについては、全員がそれに従《したが》いなさい」という、民主主義の原理に似《に》たものを、当時、もうすでに打ち出していたのです。

そのなかには、現代の民主主義と同じく、「自由」と「平等」が両方ともありました。

「仏性《ぶっしょう》において、すなわち、神の子、光の子としての尊《とうと》さにおいては、地球人種も、宇宙人種も、変《か》わるものではない。平等である。

ただ、意見の相違《そうい》は数多くあるであろうから、その意見を一元的に統一するわけにはいかない。自分の心を澄《す》まし、よく心の内側に穿《うが》ち入《い》って考え、自分が『正しい』と思うことを、各自《かくじ》、自由に述べてよろしい。

しかし、そのようにして話し合った結果、出た結論については、合意をもって、それを実行していくことをよしとしなさい。

また、あなたがた人間に判断《はんだん》がつかないことに関《かん》しては、きちんと天上界に祈《いの》りて神の声を聴《き》き、それに基づいて大きな判断をしなさい。

あなたがたの自治に任《まか》された、この世的な事柄《ことがら》については、あなたがたの自由な意見で多数の合意を形成し、それを実行に移《うつ》していきなさい。

それを超《こ》えたる大きなものと、人間心では変えることができない、そもそもの仕組みについては、神の心に従いなさい」

そのようなことを、エル、エローヒムは説《と》いていました。

今、西欧《せいおう》のほうには「自由」と「民主主義」の考え方が出ています。

また、アメリカ合衆国憲法《がっしゅうこくけんぽう》のもととなった独立宣言《どくりつせんげん》には、“all《オール》 men《メン》 are《アー》 created《クリエイティッド》 equal《イークォル》”と書かれています。これは、「すべての人間は平等に創《つく》られている」ということですが、それは、もちろん、「神によって」です。神によって平等に創られているからこそ、自由の原理が働《はたら》いてくるのです。

神によって創られていないものに自由を与えると危険《きけん》ですが、エローヒムは、

「神によって創られているものであるからこそ、平等の原理において、人間は、自由を求《もと》めて行動し、意見を述べ、活動してよいのである。神の子である平等性において、自由からの繁栄《はんえい》を求めていけ」と教えていたわけです。

しかし、「分限《ぶんげん》として、『人間の力を超えた領域《りょういき》には神の領域がある』ということを相忘《あいわす》れてはならない。『宇宙の仕組み、宇宙を貫《つらぬ》く法については、大いなるものに帰依する』という気持ちを忘れては相成《あいな》るまい」とも教えました。

エローヒムは、そのようなことを主として説いていたのです。

分身は何度も地上に出て、新しい宗教《しゅうきょう》運動を起こした

ただ、このエローヒムの教えの一部を取って、いろいろな宗派《しゅうは》が立ってきたことは事実です。

中東の地においては、このエローヒムの教えを分かち、この世的にその一部だ

けを取り出して、いろいろな宗教がつくられたことも数多くあったように思います。

過去《かこ》には、例《たと》えば、至高神《しこうしん》への信仰《しんこう》を、民族神が自分への信仰にすり替《か》えたこともあります。また、その「自由からの繁栄」の思想を使って、いわゆる「バアル信仰」のように、この世的な欲望《よくぼう》で、人々を信仰心や霊的覚醒《かくせい》から遠ざける方向に引っ張《ぱ》っていく流れも出てきました。「バアル」とは、「ベリアル」という言葉から出ていて、悪魔《あくま》ベルゼベフのことです。

このように、いろいろな宗教において、堕落《だらく》は数多く起きてきたように思います。

そういうこともあって、「エル・カンターレの魂の分身が、何度も何度も地上に出ては、新しい宗教運動を起こしていった」と言えます。

3　すべての宗教《しゅうきょう》の中心に「地球神信仰《しんこう》」を

「人類《じんるい》の危機《きき》」と「宇宙《うちゅう》からの介入《かいにゅう》」の可能《かのう》性

今、地球レベルで、次なる「価値観《かちかん》の対立」、新しい冷戦《れいせん》の起きそうな気配《けはい》が出てきています。

それは、「いったん死滅《しめつ》したかに思えた、唯物論《ゆいぶつろん》や無神論《むしんろん》の国家が、再《ふたた》び力を持ち、復活《ふっかつ》してきている」ということです。

そして、「平等」「自由」「民主主義《みんしゅしゅぎ》」「繁栄《はんえい》主義」に基《もと》づく国家のほうに、現在《げんざい》、やや衰退《すいたい》していく危険《きけん》性が出てきているのです。

ただ、私としては、「いかなることがあっても、やはり、神を認《みと》めない唯物論という、誤《あやま》てる信仰《しんこう》の下《もと》における国家経営《けいえい》、あるいは世界経営を、断《だん》じて許《ゆる》すわけにはいかない」と思っています。

軍事力《ぐんじりょく》を背景《はいけい》にした世界皇帝《こうてい》的な者がまた出てくる可能《かのう》性の高い時期が近づいてきているので、そうした者のなかに、もし悪魔《あくま》が宿った場合には、悲惨《ひさん》な時代が生まれる可能性もあると考えています。

光が闇《やみ》の内に沈《しず》まないように、光を高く掲《かか》げなければならない時期が来ているのです。

今、そうした「人類《じんるい》の大きな危機《きき》」が近づいてきていますが、それと同時に、おそらくは、次なる新しい流れとして、宇宙《うちゅう》から地球への、また新たな干渉《かんしょう》が起きてくるであろうと推定《すいてい》しています。

「この地球文明は、滅《ほろ》びるに至《いた》るや否《いな》や」「この地球文明を、このまま放置《ほうち》してよいのかどうか」ということが、現在、宇宙のレベルでは議論《ぎろん》されています。

「場合によっては、どこかで地球の文明に介入《かいにゅう》をかけなければいけないのではないか」という話がなされているところです。

それを判断《はんだん》するに当たっては、「エル・カンターレ信仰に基づくエル・カンターレ文明が、望《のぞ》みどおりに成就《じょうじゅ》するか否か」ということが一つの条件《じょうけん》なのです。

この「エル・カンターレ信仰に基づくエル・カンターレ文明」が、地球において勝利《しょうり》を収《おさ》めたならば、「宇宙は、地球を観察《かんさつ》し、見守る立場を保《たも》ちつつ、地球への干渉・介入は最小限《さいしょうげん》にとどめる」という方針《ほうしん》は従来《じゅうらい》どおりなのです。

しかし、もしこのエル・カンターレ文明なるものが、蜃気楼《しんきろう》に終わり、掛《か》け声だけに終わった場合には、宇宙から新たな介入がなされてくると思われます。

そうなると、今後、地球と宇宙を交えた混乱《こんらん》が起きてくる可能性があるので、「当初《とうしょ》の『アルファの時代』とも似《に》たものが、また到来《とうらい》するのではないか」と考えています。

未来《みらい》の人類が頼《たよ》りにすべき「地球の法《ほう》」を遺《のこ》す

したがって、私の法《ほう》には、「『次の宇宙時代において、もう一段《いちだん》、宇宙との交流が現実のものとして現《あらわ》れてきた場合にも遺《のこ》すべき、地球の法、教えとは何であるか』ということを明確《めいかく》にする」という目的もあります。

それは、おそらく、私がこの地上を去ってから後《のち》に本当に働《はたら》き始める法であろうと思われます。宇宙人が地球に本格《ほんかく》的に介入するのは、おそらく私が地上を去ってからあとになるだろうと思われるので、そのときに人類が頼《たよ》りにするものは、私が説《と》いている法しかありません。

そこまでが今回の射程《しゃてい》に入っているのです。

こういう話をすれば、すでにお分かりでしょうが、「今回は、かつての釈迦《しゃか》や、ヘルメス、オフェアリス、リエント・アール・クラウド、トス、ラ・ムーのときよりも、もっと大きな視野《しや》、射程を持つ教えであり、運動なのだ」ということを理解《りかい》していただきたいと思います。

これは、地球の大きな方向性を決める運動なのです。

現実の組織《そしき》やムーブメント（運動）が、まだ、それに、はるかについてきていないのは、事実として認めざるをえないでしょうが、現実がついてきていないことでもって、「信仰が合理化されない」ということであってはならないと私は思います。

十二人の弟子《でし》でさえ最後まで維持《いじ》することができなかったイエスであっても、あれだけのキリスト教文明を、その後につくっていきました。

今はまだ、地球を覆《おお》うほどの力を持ってはいないと思いますが、「この思想は、必《かなら》ず、地球全体を覆う一種《いっしゅ》の免疫体《めんえきたい》のような力を持っている」と、私は信じているのです。

私は地球における最終責任《さいしゅうせきにん》を背負《せお》っている

「アルファの法」のなかには、「そもそも、この地球霊団《れいだん》は、どのように創られたのか。どういう目的で創られたのか」ということも明確に入っていますが、「エローヒムの法」のなかには、「地獄《じごく》が分かれていく際《さい》の、善悪《ぜんあく》二元の考え方」と、「地獄界の解消」という問題が入っていました。

今、私が行おうとしているのは、この地球と宇宙の創世《そうせい》にかかわる部分から、現時点での地球と宇宙の今後のあり方、かかわり方の方向を決定することですが、それと同時に、私には、「地球において、地獄領域《りょういき》の拡大《かくだい》を阻止《そし》し、天上界《てんじょうかい》領域や天使の力を強める」という大きな役割《やくわり》があるのです。

私は、最初《さいしょ》は「アルファ」と名乗り、次に「エローヒム」と名乗り、今は「エル・カンターレ」と名乗っていますが、その意味は基本《きほん》的には同じです。それは、「一《いっ》なるものであり、始めなるものであり、根源《こんげん》的なるものであり、光であり、地球である」という意味です。

私は、この地球における最終責任《せきにん》を背負《せお》っている者なのです。

これが、「エル・カンターレ信仰」の拠《よ》って立つところです。

したがって、「かつて説かれた、さまざまな教えを乗り越《こ》えたものである」ということを知っていただきたいと思います。

この「エル・カンターレ信仰」の下に、さまざまな国における、さまざまな種類の宗教《しゅうきょう》が、「地獄領域を拡大させず、天上界の拡大に寄与《きよ》する」という方向において、その存在《そんざい》を許されているのです。他の宗教を全部否定《ひてい》する気持ちは毛頭《もうとう》ありませんが、この「地球神信仰」というものが、一本、中心にあって、他のさまざまな教えがあるわけです。

「天上天下唯我独尊《てんじょうてんげゆいがどくそん》」が、今、意味するもの

ブラジルはカトリックが非常《ひじょう》に強い国ですし、インドではまだヒンドゥー教が強く、さまざまな神々がいます。中東でも、また違《ちが》う神が信仰されたりしていきます。

しかし、「一《いっ》なるものがあるのだ」ということを教えなければならないのです。クリスチャンも、まだ、それを十分には理解していません。『聖書《せいしょ》』でイエスの言葉をいくら読もうと、イエスより上位《じょうい》にある、イエスが「父」と呼《よ》んだ存在が、この地球に存在することは明らかなのです。

インドでは、釈迦の在世当時には、帝釈天《たいしゃくてん》（インドラ）が最高神であるように言われていたわけですが、これは、日本で言えば、天御中主神《あめのみなかぬしのかみ》が宇宙神のように言われていたのと同じだと思われます。

しかし、インドの釈迦は、「帝釈天、および、その帝釈天を支《ささ》えている、さまざまな神々よりも、自分のほうが実は尊《とうと》い存在である」ということを、はっきりと述《の》べています。

これは、「天上天下唯我独尊《てんじょうてんげゆいがどくそん》」という言葉の謂《いわ》れの一つでもあります。

この言葉は、ときどき誤解《ごかい》をされるかもしれませんが、今、その言葉の意味として、「実は、エル・カンターレという存在がある。その教えは、唯一なる、正《せい》統《とう》なる『始原《しげん》の法』であり、また、エル・カンターレ信仰とは、地球神への信仰に基づくものである」ということを述べなくてはならないのです。

エル・カンターレの教えは、実は、地球に始まったものではありません。エル・カンターレは、その前に、「エル・ミオーレ」という、金星の統治者《とうちしゃ》として、金星での人類文明の実験《じっけん》をした者でもあります。

また、「他の惑星《わくせい》から数多くの宇宙人類を地球に呼び込《こ》んだ」といっても、これは、「全然《ぜんぜん》違う神の下にあった人たちを呼んだ」というわけではありません。

「他の星における、人類によく似た思考を持つ宇宙人の魂《たましい》の創成《そうせい》にも、エル・カンターレがかかわっている」ということが、いずれ、明らかにされると思います。

「その真実が明かされるときが、一千億年《おくねん》の歴史《れきし》が語られるときであろう」と考えています。

4　今、新しい地球創世記《そうせいき》が始まろうとしている

本章では、「地球神への信仰《しんこう》とは何か」という題で、その輪郭《りんかく》について述《の》べました。

どうか、現在《げんざい》の地球の政治《せいじ》・経済《けいざい》や法律《ほうりつ》、あるいは、いろいろな宗教《しゅうきょう》の観念《かんねん》や縛《しば》り、枠組《わくぐ》みにとらわれて判断《はんだん》することなく、「こちらが始原《しげん》であり、アルファであるのだ」ということを理解《りかい》した上で、「エル・カンターレ信仰とは何か」ということを、きちんと押《お》さえてください。

「それを押さえた上で、さまざまな霊言集《れいげんしゅう》も成《な》り立っているのだ。そのエル・カンターレ信仰のなかにある、さまざまなレベルの高級神霊《しんれい》たちは、それぞれ、自分の専門《せんもん》分野を持っており、その自分の専門分野に関《かん》し、自分の経験《けいけん》に照《て》らして意見を述べているのだ」ということを知っていただきたいと思います。

「それぞれの教えを、好《す》きなように使ってよい」というわけではありません。やはり、「エル・カンターレ信仰」があって初《はじ》めて、それぞれの高級神霊の言葉が意味を持ってくるのです。

また、かつて仏陀《ぶっだ》として説《と》いた教えやヘルメスとして説いた教え、さらには、現代人にはもう追跡不能《ついせきふのう》の、ラ・ムーやトス等によって古代の文明で説かれた教えもありますが、「かつて説かれた魂《たましい》の分身たちによる教えによって、拘束《こうそく》されるものでもないのだ」ということを知っていただきたいと思います。

「今、新しい地球創世記《そうせいき》が始まろうとしているのだ」ということを、強く自覚《じかく》していただきたいのです。

私は、以前《いぜん》、「法を弘《ひろ》めるは弟子《でし》にあり」と説きましたが、「弟子たちが、今後、この信仰を、空間的に、そして時間的に、どのように広く永《なが》く伝《つた》えていくか」ということによって、この信仰の本当の姿《すがた》は、後《のち》の世の人々に知られることになるわけです。

「今は、まだその始まりにしかすぎないのだ。自分たちは、まだ本当のエル・カンターレを知ってはいないのだ」ということを、どうか分かってください。

「自分たちが見ているのは、歴史上《れきしじょう》の同時代人としてのエル・カンターレ像《ぞう》の一部であり、何百年、何千年たって現《あらわ》れてくるエル・カンターレ像が、本当のエル・カンターレ像に近いものである」ということを知っていただきたいと思います。

第6章

人《じん》類《るい》の選《せん》択《たく》

The Choice of Humankind

地球神の下《もと》に自由と民《みん》主《しゅ》主《しゅ》義《ぎ》を掲《かか》げよ

1　二十一世紀《せいき》は「平和と安定」か「人類《じんるい》の淘汰《とうた》」か

二十二年ぶりに東京ドームで講演《こうえん》をしたことの意味

二〇一七年の八月二日に、私は二十二年ぶりの東京ドームで、本章のもととなる講演《こうえん》をしました。

私は、一九九五年までに東京ドームで十回の講演をしましたが、そのころにはまだ生まれていなかった方々も、今では幸福の科学の職員《しょくいん》や活動家になっていま

す。うれしいことです。

　その後は、深く静《しず》かに活動を続《つづ》けながら、全国・全世界に教えを広げてきました。すでに、二千三百冊《さつ》を超《こ》える著書《ちょしょ》を出版《しゅっぱん》し、二千六百数十回の講演をしました（二〇一七年十一月時点）。私の講演を聴《き》いた方は数億《おく》人に上《のぼ》ります。

　八月二日の夜には、東京ドームから全世界の約《やく》三千五百カ所に衛星中継《えいせいちゅうけい》がかかりましたが、国によってはすぐには届《とど》かない所もあり、本講演が最後《さいご》に会場で視《し》聴《ちょう》されたのは十月だそうです。「世界は

2017年8月2日に開催された特別大講演会「人類の選択」の本会場・東京ドームの様子。

広いなあ」と、つくづく感じます。

「この地球全体に向けて教えを発信《はっしん》することは、限《かぎ》りなく重く強い責任感《せきにんかん》を必《ひつ》要《よう》とすることである」と感じています。

しかし、それをもう三十数年やってきました。

一九九一年に東京ドームで初《はじ》めて講演をしたときには、それは、「新しい宗教《しゅうきょう》の不思議《ふしぎ》な光景《こうけい》」として広く全国に知られましたが、一般《いっぱん》の方々の理解《りかい》を十分に得《え》られないこともあって、当会の信者のみなさんにはさまざまなご心労《しんろう》をおかけしたこともあります。

それから、全世界で教えを弘《ひろ》めてきました。

今、私は、かすかな、小さな自信を持っています。

東京ドームから全世界に向けて教えを説《と》ける人が、今、私のほかに地球上にいるでしょうか。

これが、私が存在《そんざい》し、みなさんに教えを説いていることの意味です。

みなさんは、どうか、後々《のちのち》の世まで、「主《しゅ》は、二十一世紀《せいき》の前半において、人《じん》類《るい》を見捨《みす》ててはいなかった」ということをお伝《つた》えください。

世界の人口は七十億を超えました。教えを届けるのは大変《たいへん》です。

しかし、「この二十一世紀が、平和と安定の世紀となるか。それとも、増《ふ》えすぎた人類が淘汰《とうた》されるときとなるか」ということは、ひとえに、現在《げんざい》ただいまのみなさんと、みなさんに続くであろう人たちの行動にかかっているのです。

なぜ、私は二十二年ぶりに東京ドームで話をしたのでしょうか。

それは、〝今〟という時が、人類にとって「未来《みらい》を分ける時」であり、ちょうど山の頂《いただき》に登り詰《つ》めた時にも当たるからです。

「始原《しげん》の神」「創造《そうぞう》の神」であるアルファ

私が「人類創造《そうぞう》」を志《こころざ》したのは、今からもう、三億年も四億年も前のことになります。

現在の科学では認《みと》められてはいませんが、みなさんの先祖《せんぞ》は、三億年以上《いじょう》の昔、あの恐竜《きょうりゅう》が地球を徘徊《はいかい》していたときに、この地上に生まれたのです。

ある者は霊体《れいたい》として存在していましたが、最初《さいしょ》に、そのうちの数百人を実体化させて、この世に肉体を持つ存在として送り込《こ》みました。

また、違《ちが》った種類《しゅるい》の人々は他の宇宙《うちゅう》から来た人々であり、そのなかから、この地球の環境《かんきょう》に適合《てきごう》できる人たちを選《えら》んで地上に下《お》ろしました。

もう一種類の人たちは、宇宙からこの地上に下りようとしても、そのままでは肉体として地球の環境に不適合であるため、ハイブリッド（合いの子）にし、地球に住みやすいかたちにつくり変《か》えて地上に下ろしました。

人類の創成期《そうせいき》には、この三種類の人間を地上に住まわせました。

そして、私はそのころ、「アルファ」という名で地上に生まれました。

これが、人類の最初の指導者《しどうしゃ》の名であり、今、「エル・カンターレ」という名で呼《よ》ばれているものの、「主《しゅ》」といわれるようになる起源《きげん》です。

その名はアルファ。「始原《しげん》の神」「創造の神」です。

ここ百万年で、人類《じんるい》は七つの文明の興亡《こうぼう》を見てきた

私は、初めてこの地上に下りしときより、「創造」を旨《むね》として、さまざまなものを創《つく》ってきました。

いろいろな考え方や特徴《とくちょう》を持っている人々を融和《ゆうわ》させ、協調《きょうちょう》させ、地球人として一つにするために、たくさんの文明を起こしました。

そのなかには、私の考えを理解できず、民族《みんぞく》の違いや肌《はだ》の色の違いによって、戦争《せんそう》をする者も数多く生まれてきました。

しかし、私は、三億三千万年の間、寛容《かんよう》の心で、人類《じんるい》の緩《ゆる》やかなる進化と発展《はってん》を見守ってきました。

今もまだ、人種差別《さべつ》、レイシズム（人種主義《しゅぎ》）として、肌の色による差別は存在します。

また、国によって、経済《けいざい》のレベルや知的《ちてき》レベルに差があり、人間の命の価値《かち》が百対一ぐらいに違うところも、おそらくはあるであろうと思います。

長い時間をかけて、さまざまな試《こころ》みを行《おこな》ってきました。

地上には、いろいろな救世主《きゅうせいしゅ》を送り込んできました。同じ時代に送ったこともあります。

そして、その周《まわ》りに民族的な宗教が出来上がってきましたが、神の愛《あい》による宗教が、人々を相互《そうご》不信に陥《おちい》らせ、互《たが》いに疑《うたが》わせたりしたため、他を排斥《はいせき》しようとする戦《たたか》いが、過去《かこ》、何度も起きました。

長い話はしません。何億年もの話は、みなさんにはおそらく不要でしょう。しかし、少なくとも、この百万年ぐらいの間に、人類は、七つの文明を、そして、その興亡《こうぼう》を見てきました。

私が言う文明とは、「大陸《たいりく》ごと、繁栄《はんえい》するか、消滅《しょうめつ》するか」という、大きな意味での文明です。

今、栄《さか》えているのは「第七文明」です。

この「第七文明」が、終わりを迎《むか》えるか。それとも、まだ先まで続いていくか。それが〝今〟にかかっているのです。

（注。『太陽の法《ほう》』〔幸福の科学出版刊《かん》〕では、過去百万年間の文明として、ガーナ文明、ミュートラム文明、ラムディア文明、ムー文明、アトランティス文明があったと記述《きじゅつ》している。さらに加《くわ》えて、アトランティス文明と現文明の間に、「アズガルド文明」とでも呼ぶべき北欧《ほくおう》中心の文明がある。宇宙とも交流があり、キリスト教以前のヨーロッパの宗教のもとになっている。オーディン、マイティ・ソー（トール）、ロキなどの興《おこ》した文明で、エジプト文明・ギリシャ文明等の現文明への影響《えいきょう》が大きい。寒冷《かんれい》化で農業生産《せいさん》が落ちて、文明として衰退《すいたい》した。）

2　世界各地《かくち》にある「核戦争《かくせんそう》の危機《きき》」

今、「北朝鮮《きたちょうせん》の核開発」による三回目の危機が訪《おとず》れている（現在《げんざい》の問題の）一つは何か、お分かりでしょう。

アジアにおいて、新しい〝火種《ひだね》〟が持ち上がっています。

言うまでもなく、それは、北朝鮮《きたちょうせん》による核《かく》開発や弾道《だんどう》ミサイルの実験《じっけん》です。彼らは、自国を「アメリカと互角《ごかく》に戦《たたか》えるようにしよう」としています。

彼らの立場から見れば、それはもちろん、自国の防衛《ぼうえい》のためであり、アメリカからの攻撃《こうげき》を防《ふせ》ぐために軍事力《ぐんじりょく》を強化しているのでしょう。

しかし、アメリカの側《がわ》から見れば、どうでしょうか。アメリカ本土をも攻撃できるようなICBM（大陸間《たいりくかん》弾道ミサイル）をすでに持っており、原爆《げんばく》実験や水爆実験にも成功《せいこう》した北朝鮮に対して、あの国が黙《だま》っていられるはずはありません。

まだまだ交渉《こうしょう》する余地《よち》があるように言う人もいます。逆《ぎゃく》に、「話す時間はもう終わった」と言う人もいます。

八月二日の講演《こうえん》において、私は、「アメリカの本心は、おそらく、この一カ月以内《いない》に決まるであろうと思います」と述《の》べましたが、いずれにしろ、アメリカの決断《けつだん》が人類《じんるい》の未来《みらい》を分けることになると思います（注。その後、『緊急守護霊《きんきゅうしゅごれい》

インタビュー 金正恩《キムジョンウン》vs.ドナルド・トランプ』（八月二十九日収録《しゅうろく》、幸福の科学出版刊《しゅっぱんかん》）でトランプ氏の守護霊が本心を語り、九月十九日の国連総会演説《こくれんそうかいえんぜつ》で、トランプ氏本人が「自国や同盟国《どうめいこく》の防衛を迫《せま》られれば、北朝鮮を完全《かんぜん》に破壊《はかい》する」と、守護霊と同様の強い警告《けいこく》をした）。

北朝鮮の核問題に関《かん》して、アメリカは、今、三回目の苦悩《くのう》に陥《おちい》っています。一回目は一九九四年です。そのころに北朝鮮の核開発疑惑《ぎわく》が持ち上がりました。クリントン政権《せいけん》のときです。

このとき、クリントン政権は北朝鮮の核施設《しせつ》への攻撃を真剣《しんけん》に検討《けんとう》しました。しかし、コンピュータによるシミュレーションで、「韓国人《かんこくじん》が百万人、アメリカ人が十万人は死ぬ」という予想が出ました。

当時の韓国大統領《だいとうりょう》は金泳三《キムヨンサム》氏で、今の文在寅《ムンジェイン》大統領の（政治《せいじ》的な）「先生」に当たるような方です。

彼は、その予想を見て、「百万人も死ぬのだったら困《こま》るので、攻撃はやめてください」とアメリカに言いました。

アメリカは、韓国の合意が取れないので攻撃を中止し、北朝鮮と話し合いをすることにしました。その結果《けっか》、北朝鮮の初代《しょだい》国家主席《しゅせき》（金日成《キムイルソン》）は核開発の凍結《とうけつ》を約束《やくそく》しました。

私は、そのころ、講演会で北朝鮮の核開発の危険《きけん》性を指摘《してき》し、その対策《たいさく》が必要《ひつよう》であることを述べました（『ユートピア創造論《そうぞうろん》』〔幸福の科学出版刊〕参照《さんしょう》）。

また、当会が製作《せいさく》した映画《えいが》の第一回作品で、一九九四年に公開した「ノストラダムス戦慄《せんりつ》の啓示《けいじ》」（製作総指揮《しき》・大川隆法）のなかでも、北朝鮮の核ミサイルの危機《きき》について描《えが》いています。

もうすでに、そのころから警告はしていたわけです。

二回目の危機は二〇〇八年から二〇〇九年にかけてであり、金正日《キムジョンイル》がトップをやっていたころです。

このころ、北朝鮮は核開発をさらに推《お》し進めることを決定しました。しかし、残念《ざんねん》ながら、アメリカは共和党《きょうわとう》政権から民主党《みんしゅ》政権、つまりオバマ政権へと代わり、また、同時期に、「リーマン・ショック」といわれる世界大不況《だいふきょう》が起きたため、実戦には至《いた》りませんでした。

この二回の機会をアメリカは逃《のが》していますが、北朝鮮のほうは、三代目の金正恩の代に入り、今、「仕上げ」に入っているのです。それが彼の体制《たいせい》だろうと思います。

いずれにしても、残念な話ではあります。

私のほうは、今、百万人以上の人が亡《な》くなったとしても、霊界《れいかい》において、その人たちの魂《たましい》を回収できる態勢《たいせい》をつくらなければいけないので、仕事を急いではいますが、それをアメリカがどのように判断《はんだん》するか、これから、みなさんは見ることになるでしょう。

もし、アメリカがアクション、行動を起こしたならば、北朝鮮という国は崩壊《ほうかい》します。しかし、数多くの人が亡くなることになるでしょう。

もし、アメリカがアクションを起こさなかった場合、トランプ大統領に決断力がなかった場合には、おそらく、アメリカは「スーパー大国」の立場から降《お》り、世界の覇権《はけん》国家ではなくなるでしょう。今後、アメリカの忠告《ちゅうこく》を聞くところはなくなるはずです。

アジア、中東の核をめぐる状況《じょうきょう》

危機は、すでに、あちこちにあるのです。

例《たと》えば、中国とインドの間にも、危機はあります。ブータンという国がありま す。あるいは、ネパールという国があります。こういう国々も中国の侵攻《しんこう》を恐《おそ》れています。インドは、今、カリカリきていて、いつでも核戦争が起きかねない雰《ふん》囲気《いき》はあります。

このようなときに、世界にリーダーがいなかったら、止めることはできないのです。

過去《かこ》を振《ふ》り返れば、そうした危機は幾《いく》つかありました。

一九六二年ごろには、「キューバ危機」というものもありました。キューバという島にソ連のミサイル基地《きち》がつくられ、ここに核装備《そうび》をされたら、アメリカのほぼ全土が核ミサイルの射程範囲《しゃていはんい》内に入るというときがあったのです。

このとき、ケネディ大統領は、一般《いっぱん》には「海上封鎖《ふうさ》」といわれている海上臨検《りんけん》を行《おこな》って彼らの退去《たいきょ》を要請《ようせい》し、ソ連のフルシチョフ首相がそれを呑《の》むことによって、核戦争の危機は回避《かいひ》することができました。

それ以外にも、もちろん、核危機はあります。

●インドとパキスタンの間にも、核戦争の勃発寸前《ぼっぱつすんぜん》のときはありました。イスラエルにしても、周《まわ》りのアラブ諸国《しょこく》に対しては、いつも核危機の恐怖《きょうふ》を与《あた》えているはずです。イスラエルは、「小さな国なので、核兵器《へいき》を使わなければ護《まも》れない」と思っているからです。それに対抗《たいこう》して、今、イランという国についても、北朝鮮の〝次の核開発の問題〟として出てくるであろうと考えています。

3　「世界的正義《せいぎ》」に照《て》らして各国《かっこく》の現状《げんじょう》を観《み》る

さまざまな国が愛国心《あいこくしん》を持って国防《こくぼう》をするということは、その国の安定と発展《はってん》のためには大事なことです。それは認《みと》めましょう。日本の国のなかで地方自治《じち》が認められているように、地球のなかで、二百カ国近い国がそれぞれの国の自衛《じえい》の

●インドとパキスタンの間にも……　1947年に独立したインド、パキスタン両国はカシミール地方の帰属《きぞく》をめぐり３度の印パ戦争を行うなど対立していた。1974年にはインドが地下核実験《かくじっけん》を行い核保有《ほゆう》を宣言。1998年にはインド、パキスタン両国で地下核実験が相次いで行われ、核戦争の緊張《きんちょう》が高まった。

ために国防をするのは、当然《とうぜん》のことだと思います。

しかしながら、それは一つの物差《ものさ》しであって、すべてではありません。もう一つの物差しとは、「そうした考え方のなかに『世界的正義《せいぎ》』があるかどうか」ということであり、これが大事な点だと思うのです。

例《たと》えば、今、北朝鮮《きたちょうせん》の指導者《しどうしゃ》には、世界の声はまったく聞こえていません。また、中国の国家主席《しゅせき》には、「国内法《ほう》」と「国際法《こくさい》」の区別《くべつ》が、ほぼついていません。

ロシアは、半《なか》ば「独裁国家《どくさい》」という側面《そくめん》もありますが、残《のこ》りの半分では「自由」と「民主主義《みんしゅ》」を求《もと》め、ロシア正教の公式な復活《ふっかつ》を目指しているところです。

そのように、あちらにもこちらにも、たいへん難《むずか》しい状況《じょうきょう》があります。

この問題を考えるに当たり、一つのたとえで述《の》べるとすれば、次のようになります。

・アメリカ

アメリカ合衆国《がっしゅうこく》では、トランプ大統領《だいとうりょう》の登場に当たり、マスコミから非常《ひじょう》に厳《きび》しい批判《ひはん》が続《つづ》きました。大統領への就任以降《しゅうにんいこう》も、トランプ批判は鳴りやみません。その筆頭は、ＣＮＮという国際的な大きなテレビ局です。そこのニュース番組のメインキャスター、アンカーマンの一人などは、本当にトランプ大統領と敵対《てきたい》し、対立しているように見えます。しかし、彼はおそらく、生命の危機《きき》は感じていないだろうと思います。これが、アメリカ合衆国という国です。

・ロシア

もし、ロシアで、ＣＮＮのような代表的なテレビ局のニュースキャスターが、プーチン大統領のことをずっと批判し続けたらどうなるでしょうか。

それは、確実《かくじつ》に暗殺《あんさつ》されるでしょう。過去《かこ》、すでにそういうことはありました。

・中国

もし、中国において、ＣＮＮのように、中国政府《せいふ》、あるいは習近平《しゅうきんぺい》主席の間違《まちが》いを糺《ただ》したらどうなるでしょうか。もちろん、そのメインキャスターは牢獄《ろうごく》行きとなると思われますが、●劉暁波《りゅうぎょうは》氏《し》のような最期《さいご》を迎《むか》えられればいちばんよいほうでしょう。実際にはその前に粛清《しゅくせい》されることが多く、おそらく、その会社自体も国営《こくえい》化され、消されていくだろうと思います。

しかし、その習近平氏も、過去に六回以上の暗殺未遂《みすい》に遭《あ》っています。中国の歴代《れきだい》の指導者としては、最《もっと》も暗殺を恐《おそ》れている指導者とも言われているようです。そうであるからこそ、強い指導者を演出《えんしゅつ》し続けているというのも、確《たし》かなことなのでしょう。これが中国です。

●**劉暁波**（1955～2017）　中国の人権活動家。1989年、天安門《てんあんもん》事件でハンストを決行し投獄《とうごく》される。2008年、「零八憲章《れいはちけんしょう》」を起草・発表、2010年に懲役《ちょうえき》11年の判決を受けた。同年、服役中にノーベル平和賞を受賞。2017年、末期の肝臓《かんぞう》ガンが判明し、刑務所外の病院で死去。『中国民主化運動の旗手 劉暁波の霊言』（幸福の科学出版刊）参照。

・北朝鮮《きたちょうせん》

それから、北朝鮮《きたちょうせん》ならばどうでしょうか。そもそも、CNNのようなものなど、存在不能《そんざいふのう》です。北朝鮮の映像《えいぞう》に映《うつ》っている人を見てください。たいてい、本当に笑《わら》っているのは金正恩《キムジョンウン》氏ただ一人です。これは、完全《かんぜん》なる全体主義国家です。社会主義的全体主義と言ってもよいでしょう。

中国の状況は、北朝鮮に次ぐものの、やや、権力闘争《けんりょくとうそう》が許《ゆる》されている面もあって、少しは緩《ゆる》いのですが、これを変《か》えるには、まだ時間がかかるように思います。

このようなものが、現実《げんじつ》に置《お》かれている状態《じょうたい》なのです。

したがって、国防ということ、国を愛し、国を護《まも》るということは、各国《かっこく》の持っている権利《けんり》ではあるのですが、もう一つ、「その護るべき国は、『世界正義』に照《て》らして正しいか、『神の心』に照らして正しいか」という基準《きじゅん》があることを忘《わす》れてはなりません。

・日本

では、日本であればどうでしょうか。

日本でCNNのようなところが安倍《あべ》首相の批判をし続けたらどうなるかというと、おそらく、安倍首相はCNNの代表者を会食に呼《よ》び、一緒《いっしょ》に食事をして、何とかなだめ、ゴルフに連《つ》れていこうとするでしょう。しかし、それでも批判をやめなかった場合は、閣僚《かくりょう》の誰《だれ》かに辞《や》めてもらい、最後は自分自身が退陣《たいじん》するというかたちになると思います。これが日本です。

そのように、それぞれの国によって対応《たいおう》は違うわけです。したがって、「自分が、今、生まれ直すとしたら、どういう国を選《えら》ぶか」ということを、よく考えてみてください。各国の事情《じじょう》を知った上で、「もう一度生まれ変わりたい」という国には、やはり、その背景《はいけい》に「神の正義」があると思わなければなりません。

それは、つらい選択《せんたく》ではあるけれども、「自国を防衛する」ということにおいては、防衛するに足る国家であるかどうかという神の目から逃《のが》れることはできないのだということです。これを、私は言っておきます。

4　人類《じんるい》は今、重大な岐路《きろ》に立っている

「自由と民主主義《みんしゅしゅぎ》」の国にある「政教分離《せいきょうぶんり》」の問題

現在《げんざい》ただいま、大事な問題点は収斂《しゅうれん》されてきています。

一つは、社会主義《しゅぎ》的全体主義国家。国家が決めたルールどおりにしか、政治《せいじ》も

経済《けいざい》も動かないような全体主義国家です。そして、「言論《げんろん》の自由」「表現の自由」「出版《しゅっぱん》の自由」「報道《ほうどう》の自由」も含《ふく》めた自由が著《いちじる》しく制約《せいやく》されている国家です。

もう一つは、そういう自由もすべて認《みと》められている、自由で民主《みんしゅ》主義的な国家。問題点はまだまだたくさんあるにしても、自由で民主主義的な国家のなかで「正義」を探《さが》す試《こころ》みということです。

言葉を換《か》えて言えば、これから先、二〇一七年以降《いこう》には、日米を基調《きちょう》とした「自由と民主主義」の国家体制が、いまだ世界のリーダーとして引っ張《ぱ》り続《つづ》けていくのか。それとも、北朝鮮《きたちょうせん》や中国のような、報道の自由もなく、言論の自由もない全体主義国家が、恐怖《きょうふ》によって世界を支配《しはい》するのを受け止めるのか。

今、そういう選択肢《せんたくし》が来ています。二〇一七年は、その「重大な年」の一つです。

これから来るものに対して、心を引き締《し》めてください。勇気《ゆうき》を持ってください。

いろいろな意見が飛《と》び交《か》います。迷《まよ》うことも多いでしょう。反対の意見も数多く出るでしょう。国際世論《こくさいせろん》も沸騰《ふっとう》するでしょう。

しかし、迷ったら、最後《さいご》は私の言葉を聴《き》いてください。これが人類《じんるい》を率《ひき》いてきた者の言葉だからです。

私は、本来、神の言葉が成就《じょうじゅ》する国家の運営《うんえい》を実現《じつげん》できればよいと思っています。しかしながら、今、そういう国は世界に見当たらないのです。

確《たし》かに、自由と民主主義の国は、個人《こじん》の人権《じんけん》を弾圧《だんあつ》したり、人々を簡単《かんたん》に殺害《さつがい》したりする国よりは、はるかによい国かもしれません。ただ、自由と民主主義の国のなかにも、もはや神の言葉を感じず、神の教えを過去《かこ》のものにしているところも数多くあることを知ってください。

そのキーワードが、「政教分離《ぶんり》」です。政治と宗教《しゅうきょう》を分けることが、自由と民主主義の国のなかでもよく行われています。

それゆえに、イエス・キリストが「人を殺《ころ》すなかれ」と教えても、キリスト教国同士《どうし》で戦争《せんそう》ができるのです。つまり、政教分離をしているために、政治をするのは神ではなく、国民に選《えら》ばれた人たちであるから、人が殺せるわけです。それが政教分離です。

「政教一致《せいきょういっち》」の「一神教」が抱《かか》える問題点

その一方で、「政教一致《せいきょういっち》」、「祭政一致」といって「神の教えを国の政治と経済体制等に反映《はんえい》しよう」としている国家もあります。イスラム教の諸国《しょこく》も、おそらくそういう考えでありましょう。もし、現在、本来の神の心がそのままに地上の政治に反映されているのならば、これは正しい結果《けっか》になるはずです。

ところが、ムハンマド降誕《こうたん》以降、千四百年がたった今、イスラム教国の指導者《しどうしゃ》には、ムハンマドの心がストレートに分からないのです。そのために、過去の教《きょう》典《てん》に照《て》らして、現在の人々が自分たちに有利《ゆうり》な政治や経済政策《せいさく》を取っています。「祭政一致」、「政教一致」といっても、ここに問題点はあるわけです。

また、イスラム教国においては、君主制との連携《れんけい》が強いせいで、民主主義制度を嫌《きら》うところが数多くあります。それで、イスラム教国から移民《いみん》として欧米《おうべい》に入った人たちが、ときどきテロリストになって世界を騒《さわ》がせているのです。

もちろん、イスラム教徒《きょうと》のなかには民主主義を認める人たちもいますが、急進的な「原理主義者」といわれる人たちは、民主主義を認めません。彼らは、「神が言うとおりに人間は生きるべきだ」と考えているからです。しかしながら、現時点のイスラム指導者たちには、神の言葉が聞こえていません。ここが問題なのです。

もし聞こえているならば、彼らも反省《はんせい》したり、考えを変《か》えたりすることもできるでしょう。ただ、聞こえていたのは古い古い「古典の時代」です。その時代の言葉に基《もと》づいて現代の政治や経済を判断《はんだん》しようとしてもできません。なぜならば、何も語られていないからです。

あるいは、イスラム教徒による自爆《じばく》テロがありますが、『コーラン』のなかで、神は、「人を殺すなかれ」と説《と》いています。人を殺してはならないし、傷《きず》つけてもならないと教えているのです。にもかかわらず、彼らはなぜ戦争をするのでしょうか。それは、「自分たちの神は本物で、それ以外の神は偽物《にせもの》だ」と思っているからです。

しかし、「一神教がすべてではない」ということを、どうか知ってください。

例《たと》えば、それぞれの民族や国には、歴史的《れきし》にその民族や国の神と言われる方がいます。私はそれを認めています。その意味で、インドのような「多神教」というのは現実にあって、数多くの神がいるわけです。

そのときに、もし本物の神は一人だけで、あとは全部偽物だとしたら、戦争ばかりが起きるでしょう。要《よう》するに、ほかの民族、ほかの国に教えを弘《ひろ》めるために、外国を占領《せんりょう》していくことが正義になるからです。

さらに言えば、キリスト教にしても「一神教」です。それゆえに、かつてスペインやポルトガルも、地球を一周《いっしゅう》して植民地をたくさんつくりました。いろいろな国の宗教を潰《つぶ》し、植民地化していったわけです。

ただ、それでも世界を押《お》さえられないでいます。それは神のせいではなく、神の教えを受けて活動している人の認識力《にんしきりょく》の問題なのです。

5　地球神エル・カンターレからのメッセージ

今、私は、あなたがたに言う。

キリスト教に言う「主なる神」。
ユダヤ教に言う「エローヒム」。
イスラム教に言う「アッラー」。
中国の孔子《こうし》が言う「天帝《てんてい》」。
さらには、日本神道《しんとう》ではその姿《すがた》も知られていないが、
中心神である天御中主神《あめのみなかぬしのかみ》の上にいる「天御祖神《あめのみおやがみ》」。
すべては同じ存在《そんざい》であり、一人なのです。

確《たし》かに、それぞれの宗教《しゅうきょう》は、
民族性《みんぞくせい》や文化性の違《ちが》いによって考え方が違っているかもしれません。
しかし、もとなるものは一つであって、
さまざまに魂《たましい》を磨《みが》きながら、

この地上で修行《しゅぎょう》している仲間《なかま》であることに変《か》わりはないのです。

また、民族の壁《かべ》を超《こ》えるために、
「転生輪廻《てんしょうりんね》」という仕組みもつくりました。
今は日本人であっても、過去世《かこぜ》は日本人ではなく、
ヨーロッパ人であったり、中国人であったり、
韓国人《かんこくじん》であったりすることもあります。
もちろん、その逆《ぎゃく》の場合もあるでしょう。
そういう魂経験《けいけん》をしながら、
あるいは、転生の過程《かてい》で男女両方の経験もしながら、
人間は、理解《りかい》する器《うつわ》を広げようとしているのです。
今、私は、最後《さいご》の、最終の、すべての法《ほう》を説《と》くために、

この日本という国に生まれました。
私に分かる範囲《はんい》で、すべてのことを明かします。

あなたがたは今後、
宗教を理由にして国際戦争《こくさいせんそう》をしてはならない。
あなたがたは、無神論《むしんろん》か有神論かということで、
宗教を信《しん》じるか信じないかによって、
戦争を起こしてはならない。
金正恩《キムジョンウン》よ、神を信ぜよ。
核兵器《かくへいき》を捨《す》て、ミサイルを捨てよ。
習近平《しゅうきんぺい》よ、神を認《みと》めよ。
神の下《もと》の自由と民主主義《しゅぎ》を認めよ。

それが、地球神の言葉である。

また、イスラム教国よ、
あなたがたは一神教を名乗っているが、神の声が聞こえているか。
聞きたいのなら、私の言葉を聞きなさい。
そうすれば、イスラム教徒《きょうと》とヨーロッパの人々が、
移民《いみん》を契機《けいき》として、テロ合戦をすることはなくなるであろう。
私は、そんなことを勧《すす》めてはいない。
民間人が、自動車で爆弾《ばくだん》と共《とも》に他の民間人に突《つ》っ込《こ》むことなど、許《ゆる》していない。
さらには、
母や子がダイナマイトを巻《ま》いて、大勢《おおぜい》の人のなかで自爆テロを起こし、
何万人もの人を恐怖《きょうふ》に陥《おとしい》れることを、認めていない。

あなたがたに言う。
真の神の言葉を知って、
人類《じんるい》はその違いを乗り越《こ》えて
融和《ゆうわ》し、協調《きょうちょう》し、進化し、発展《はってん》していくべきである。
これが、地球神エル・カンターレの言葉である。
二度と忘《わす》れることなかれ。
あなたがたの心に刻《きざ》むのだ。

人類は一つである。
これから、地上的な争《あらそ》いを乗り越える神なる存在を信じ、
その下《した》に、

自由と民主主義を掲《かか》げる世界を続《つづ》けていくことを選《えら》び取るのだ。

もう一度、言います。
北朝鮮《きたちょうせん》に必要《ひつよう》なのは「信仰《しんこう》」です。
中国に必要なのも「信仰」です。
インドに必要なのは、さまざまな神の上にいる神の存在です。
イスラム教国に必要なのは、アッラーとは誰《だれ》かを知ることです。
私は、その違いを超えて人類を愛《あい》し、受け入れています。
信じることを通して、愛とは何かを学んでください。
それが、私のメッセージです。

あとがき

トリビアな情報の奔流《ほんりゅう》に押し流されている、今日の日本人や全世界の人々に告《つ》げる。

これが現代の「聖書」にして「コーラン」である。

キリスト教、イスラム教の後に続く、地球規模の世界宗教の教えの核心《かくしん》である。

いずれ、あなた方は、「神の名」を呼ばなくてはならなくなるであろう。

その神の名を教えるのが本書の使命である。

「信じる」ということは、「永遠《えいえん》の生命《いのち》」である、自分自身をも「愛する」ということである。

二〇一七年　十二月

幸福《こうふく》の科学《かがく》グループ創始者兼総裁《そうししゃけんそうさい》　大川隆法《おおかわりゅうほう》

本書は左記の法話をとりまとめ、加筆したものです。

第1章　信じる力

二〇一七年二月十一日説法
大分県・大分別府ビーコンプラザ

第2章　愛から始まる

二〇一七年七月九日説法
東京都・東京正心館

第3章　未来への扉

二〇一七年一月九日説法
神奈川県・パシフィコ横浜

第4章　「日本発世界宗教」が地球を救う
（原題『救世の法』講義）

二〇一一年一月十六日説法
東京都・東京正心館

第5章　地球神への信仰とは何か
（原題　エル・カンターレ信仰とは何か）

二〇一〇年十一月二日説法
東京都・総合本部

第6章　人類の選択

二〇一七年八月二日説法
東京都・東京ドーム

明日を変える言葉①　『未来の法』序章「勝利への道」より

明日を変える言葉②　『幸福の原点』第1章「幸福の原点」より

明日を変える言葉③　『日本の繁栄は、絶対に揺るがない』
第4章「信仰と富」より

明日を変える言葉④　「『不滅の法』講義」（二〇一二年一月八日）より

『信仰の法』大川隆法著作関連書籍

『太陽の法』(幸福の科学出版刊)
『教育の法』(同右)
『未来の法』(同右)
『伝道の法』(同右)
『救世の法』(同右)
『不滅の法』(同右)
『幸福の原理』(同右)
『大川隆法 ニューヨーク巡錫の軌跡 自由、正義、そして幸福』(同右)
『大川隆法 インド・ネパール 巡錫の軌跡』(同右)
『大川隆法 ウガンダ 巡錫の軌跡』(同右)
『大川隆法 フィリピン・香港 巡錫の軌跡』(同右)
『幸福の原点』(同右)

『繁栄への決断』（同右）
『日本の繁栄は、絶対に揺るがない』（同右）
『「宇宙の法」入門』（同右）
『釈迦の本心』（同右）
『愛から祈りへ』（同右）
『信仰のすすめ』（同右）
『ユートピア創造論』（同右）
『プーチン大統領の新・守護霊メッセージ』（同右）
『プーチン 日本の政治を叱る』（同右）
『ロシアの本音 プーチン大統領守護霊 vs. 大川裕太』（同右）
『ネルソン・マンデラ ラスト・メッセージ』（同右）
『緊急・守護霊インタビュー 台湾新総統 蔡英文の未来戦略』（同右）
『地球を守る「宇宙連合」とは何か』（同右）
『緊急守護霊インタビュー 金正恩 vs. ドナルド・トランプ』（同右）

『中国民主化運動の旗手 劉暁波の霊言』（同右）
『守護霊インタビュー 金正恩 最後の狙い』（同右）
『この国を守り抜け』（幸福実現党刊）
『「パンダ学」入門』（大川紫央 著 幸福の科学出版刊）

※左記は書店では取り扱っておりません。最寄りの精舎・支部・拠点までお問い合わせください。
『大川隆法霊言全集』第1巻～第8巻（宗教法人幸福の科学刊）
『「ヤハウェ」「エホバ」「アッラー」の正体を突き止める』（同右）
『アルファの法』（同右）
『アルファの時代』（同右）

信仰《しんこう》の法《ほう》　――地球神エル・カンターレとは――

2018年1月1日　初版第1刷
2018年12月27日　第21刷

著　者　大《おお》川《かわ》隆《りゅう》法《ほう》

発行所　幸福の科学出版株式会社

〒107-0052 東京都港区赤坂2丁目10番14号
TEL(03)5573-7700
https://www.irhpress.co.jp/

印刷・製本　株式会社 堀内印刷所

落丁・乱丁本はおとりかえいたします

ISBN978-4-86395-957-6 C0014

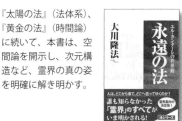

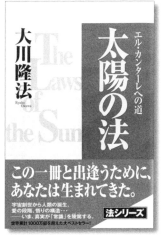

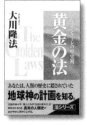

大川隆法ベストセラーズ・法シリーズ

伝道の法

人生の「真実」に目覚める時

人生の悩みや苦しみはどうしたら解決できるのか。世界の争いや憎しみはどうしたらなくなるのか。ここに、ほんとうの「答え」がある。

2,000円

正義の法

憎しみを超えて、愛を取れ

テロ事件、中東紛争、中国の軍拡——。どうすれば世界から争いがなくなるのか。あらゆる価値観の対立を超える「正義」とは何かを指し示す。

2,000円

智慧の法

心のダイヤモンドを輝かせよ

現代における悟りを多角的に説き明かし、人類普遍の真理を導きだす——。「人生において獲得すべき智慧」が、今、ここに語られる。

2,000円

大川隆法ベストセラーズ・信仰の力とは何か

信仰のすすめ

泥中の花・透明な風の如く

どんな環境にあっても、自分なりの悟りの花を咲かせることができる。幸福の科学の教え、その方向性をまとめ、信仰の意義を示す書。

1,500円

ザ・ヒーリングパワー

病気はこうして治る

ガン、心臓病、精神疾患、アトピー……。スピリチュアルな視点から「心と病気」のメカニズムを解明。この一冊があなたの病気に奇跡を起こす！

1,500円

正しい供養　まちがった供養

愛するひとを天国に導く方法

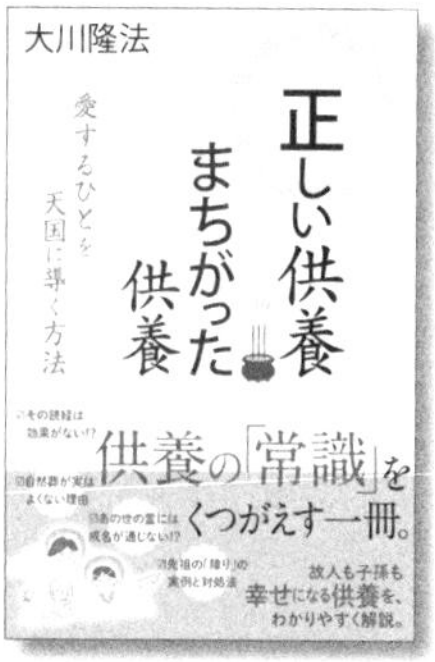

「戒名」「自然葬」など、間違いの多い現代の先祖供養には要注意！　死後のさまざまな実例を紹介しつつ、故人も子孫も幸福になるための供養を解説。

1,500円

大川隆法ベストセラーズ・幸福の科学とは何か

幸福の科学の基本教義とは何か

真理と信仰をめぐる幸福論

進化し続ける幸福の科学── 本当の幸福とは何か。永遠の真理とは? 信仰とは何なのか? 総裁自らが説き明かす未来型宗教を知るためのヒント。

1,500円

宗教学から観た「幸福の科学」学・入門

立宗 27 年目の未来型宗教を分析する

幸福の科学とは、どんな宗教なのか。教義や活動の特徴とは? 他の宗教との違いとは? 総裁自らが、宗教学の見地から「幸福の科学」を分析する。

1,500円

「正しき心の探究」の大切さ

「正しき心の探究」について、一修行者レベルから、マクロ認識をふまえた国家レベルまでを説き、「真実の歴史観」と「神の正義」を示した一書。

1,500円

※表示価格は本体価格(税別)です。

国家繁栄の条件

「国防意識」と「経営マインド」の強化を

現在の国防危機や憲法問題を招いた「吉田ドクトリン」からの脱却や、国家運営における「経営の視点」の必要性など、「日本の進む道」を指し示す。

1,500円

自分の国は自分で守れ

「戦後政治」の終わり、
「新しい政治」の幕開け

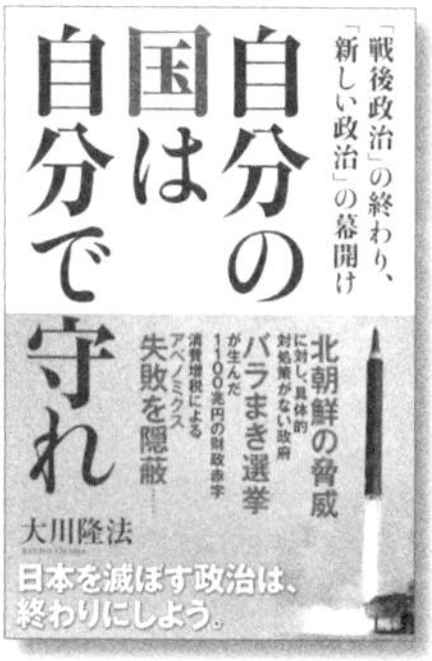

北朝鮮の核開発による国防危機、1100兆円の財政赤字、アベノミクスの失敗……。嘘と国内的打算の政治によって混迷を極める日本への政治提言！

1,500円

永遠なるものを求めて

人生の意味とは、国家の理想とは

北朝鮮のミサイルに対し何もできない"平和ボケ日本"にNO! 人間としての基本的な生き方から、指導者のあり方、国家のあり方までを提言する。

1,500円

幸福の科学グループのご案内

宗教、教育、政治、出版などの活動を通じて、地球的ユートピアの実現を目指しています。

幸福の科学

一九八六年に立宗。信仰の対象は、地球系霊団の最高大霊、主エル・カンターレ。世界百カ国以上の国々に信者を持ち、全人類救済という尊い使命のもと、信者は、「愛」と「悟り」と「ユートピア建設」の教えの実践、伝道に励んでいます。

（二〇一八年十二月現在）

愛

幸福の科学の「愛」とは、与える愛です。これは、仏教の慈悲《じひ》や布施《ふせ》の精神と同じことです。信者は、仏法真理をお伝えすることを通して、多くの方に幸福な人生を送っていただくための活動に励んでいます。

悟り

「悟り」とは、自らが仏の子であることを知るということです。教学《きょうがく》や精神統一によって心を磨き、智慧《ちえ》を得て悩みを解決すると共に、天使・菩薩《ぼさつ》の境地を目指し、より多くの人を救える力を身につけていきます。

ユートピア建設

私たち人間は、地上に理想世界を建設するという尊い使命を持って生まれてきています。社会の悪を押しとどめ、善を推し進めるために、信者はさまざまな活動に積極的に参加しています。

海外支援・災害支援

国内外の世界で貧困や災害、心の病で苦しんでいる人々に対しては、現地メンバーや支援団体と連携して、物心両面にわたり、あらゆる手段で手を差し伸べています。

自殺を減らそうキャンペーン

年間約３万人の自殺者を減らすため、全国各地で街頭キャンペーンを展開しています。

公式サイト **www.withyou-hs.net**

ヘレンの会

ヘレン・ケラーを理想として活動する、ハンディキャップを持つ方とボランティアの会です。視聴覚障害者、肢体不自由な方々に仏法真理を学んでいただくための、さまざまなサポートをしています。

公式サイト **www.helen-hs.net**

入会のご案内

幸福の科学では、大川隆法総裁が説く仏法真理《ぶっぽうしんり》をもとに、「どうすれば幸福になれるのか、また、他の人を幸福にできるのか」を学び、実践しています。

入会

仏法真理を学んでみたい方へ

大川隆法総裁の教えを信じ、学ぼうとする方なら、どなたでも入会できます。入会された方には、『入会版「正心法語《しょうしんほうご》」』が授与されます。

ネット入会　入会ご希望の方はネットからも入会できます。

happy-science.jp/joinus

三帰《さんき》誓願《せいがん》

信仰をさらに深めたい方へ

仏弟子としてさらに信仰を深めたい方は、仏《ぶっ》・法《ぽう》・僧《そう》の三宝《さんぽう》への帰依を誓う「三帰誓願式」を受けることができます。三帰誓願者には、『仏説・正心法語』『祈願文《きがんもん》①』『祈願文②』『エル・カンターレへの祈り』が授与されます。

幸福の科学 サービスセンター

TEL 03-5793-1727

受付時間／
火～金：10～20時
土・日祝：10～18時
（月曜を除く）

幸福の科学 公式サイト

happy-science.jp

ハッピー・サイエンス・ユニバーシティ
Happy Science University

ハッピー・サイエンス・ユニバーシティとは

ハッピー・サイエンス・ユニバーシティ（HSU）は、大川隆法総裁が設立された
「現代の松下村塾」であり、「日本発の本格私学」です。
建学の精神として「幸福の探究と新文明の創造」を掲げ、
チャレンジ精神にあふれ、新時代を切り拓く人材の輩出を目指します。

人間幸福学部　経営成功学部　未来産業学部

HSU長生キャンパス TEL 0475-32-7770
〒299-4325 千葉県長生郡長生村一松丙 4427-1

未来創造学部

HSU未来創造・東京キャンパス
TEL 03-3699-7707
〒136-0076 東京都江東区南砂2-6-5 公式サイト happy-science.university

学校法人 幸福の科学学園

学校法人 幸福の科学学園は、幸福の科学の教育理念のもとにつくられた教育機関です。人間にとって最も大切な宗教教育の導入を通じて精神性を高めながら、ユートピア建設に貢献する人材輩出を目指しています。

幸福の科学学園

中学校・高等学校（那須本校）
2010年4月開校・栃木県那須郡（男女共学・全寮制）
TEL 0287-75-7777 公式サイト happy-science.ac.jp

関西中学校・高等学校（関西校）
2013年4月開校・滋賀県大津市（男女共学・寮及び通学）
TEL 077-573-7774 公式サイト kansai.happy-science.ac.jp

仏法真理塾「サクセスNo.1」

全国に本校・拠点・支部校を展開する、幸福の科学による信仰教育の機関です。小学生・中学生・高校生を対象に、信仰教育・徳育にウエイトを置きつつ、将来、社会人として活躍するための学力養成にも力を注いでいます。

TEL 03-5750-0747（東京本校）

エンゼルプランV TEL 03-5750-0757

幼少時からの心の教育を大切にして、信仰をベースにした幼児教育を行っています。

不登校児支援スクール「ネバー・マインド」 TEL 03-5750-1741

心の面からのアプローチを重視して、不登校の子供たちを支援しています。

ユー・アー・エンゼル！（あなたは天使！）運動

一般社団法人 ユー・アー・エンゼル TEL 03-6426-7797

障害児の不安や悩みに取り組み、ご両親を励まし、勇気づける、
障害児支援のボランティア運動を展開しています。

NPO活動支援

いじめから子供を守ろうネットワーク

学校からのいじめ追放を目指し、さまざまな社会提言をしています。また、各地でのシンポジウムや学校への啓発ポスター掲示等に取り組む一般財団法人「いじめから子供を守ろうネットワーク」を支援しています。

公式サイト mamoro.org ブログ blog.mamoro.org

相談窓口 TEL.03-5544-8989

百歳まで生きる会

「百歳まで生きる会」は、生涯現役人生を掲げ、友達づくり、生きがいづくりをめざしている幸福の科学のシニア信者の集まりです。

シニア・プラン21

生涯反省で人生を再生・新生し、希望に満ちた生涯現役人生を生きる仏法真理道場です。定期的に開催される研修には、年齢を問わず、多くの方が参加しています。全国163カ所、海外12カ所で開校中。

【東京校】TEL 03-6384-0778 FAX 03-6384-0779

メール senior-plan@kofuku-no-kagaku.or.jp

幸福実現党

内憂外患《ないゆうがいかん》の国難に立ち向かうべく、2009年5月に幸福実現党を立党しました。創立者である大川隆法党総裁の精神的指導のもと、宗教だけでは解決できない問題に取り組み、幸福を具体化するための力になっています。

幸福実現党 釈量子サイト　shaku-ryoko.net
Twitter　釈量子@shakuryokoで検索

党の機関紙
「幸福実現NEWS」

幸福実現党　党員募集中

あなたも幸福を実現する政治に参画しませんか。

○幸福実現党の理念と綱領、政策に賛同する18歳以上の方なら、どなたでも参加いただけます。
○党費：正党員（年額5千円［学生 年額2千円］）、特別党員（年額10万円以上）、家族党員（年額2千円）
○党員資格は党費を入金された日から1年間です。
○正党員、特別党員の皆様には機関紙「幸福実現NEWS（党員版）」が送付されます。

＊申込書は、下記、幸福実現党公式サイトでダウンロードできます。
住所：〒107-0052　東京都港区赤坂2-10-8 6階 幸福実現党本部
TEL 03-6441-0754　FAX 03-6441-0764
公式サイト hr-party.jp　若者向け政治サイト truthyouth.jp

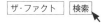

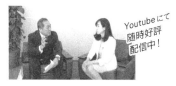

信仰による奇跡体験・幸福体験が続々

人は誰しも、自分にとっての「人生の問題集」を持って生まれてきています。仏法真理を実践することで「人生の問題集」を乗り越え、幸福な人生を開いた方々の体験談が、全国・全世界から数多く寄せられています。

幸福の科学公式ＨＰでは、さまざまな奇跡体験・幸福体験が掲載されていて、どなたでも自由にご覧いただけます。

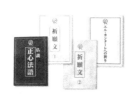

大川隆法　講演会のご案内

大川隆法総裁の講演会が全国各地で開催されています。講演のなかでは、毎回、「世界教師」としての立場から、幸福な人生を生きるための心の教えをはじめ、世界各地で起きている宗教対立、紛争、国際政治や経済といった時事問題に対する指針など、日本と世界がさらなる繁栄の未来を実現するための道筋が示されています。

2018年7月4日 さいたまスーパーアリーナ「宇宙時代の幕開け」

2018年10月7日 ザ・リッツカールトン ベルリン（ドイツ）「Love for the Future」

2017年8月2日 東京ドーム「人類の選択」

2018年2月3日 都城市総合文化ホール（宮崎県）「情熱の高め方」

2018年11月25日 千歳市民文化センター（北海道）「繁栄を招くための考え方」

講演会には、どなたでもご参加いただけます。最新の講演会の開催情報はこちらへ。⟹ 大川隆法総裁公式サイト https://ryuho-okawa.org